EL TEMOR DE
DIOS

DESCUBRA *la* CLAVE *para*
CONOCER *íntimamente a* DIOS

JOHN
BEVERE

**CASA
CREACIÓN**
Para vivir la Palabra

Para vivir la Palabra

MANTÉNGANSE ALERTA;
PERMANEZCAN FIRMES EN LA FE;
SEAN VALIENTES Y FUERTES.
—1 Corintios 16:13 (NVI)

El temor de Dios por John Bevere
Publicado por Casa Creación
Miami, Florida
www.casacreacion.com
© 1998 por Casa Creación

ISBN: 978-1-941538-75-3
E-book ISBN: 978-1-61638-044-1

Desarrollo editorial: *Grupo Nivel Uno, Inc.*
Adaptación de diseño interior y portada: *Grupo Nivel Uno, Inc.*

Publicado originalmente en inglés bajo el título:
The Fear of the Lord
por Charisma House,
A Charisma Media Company,
© 1995 John Bevere

Nota de la editorial: Aunque el autor hizo todo lo posible por proveer teléfonos y páginas
de internet correctos al momento de la publicación de este libro, ni la editorial ni el autor
se responsabilizan por errores o cambios que puedan surgir luego de haberse publicado.

Impreso en Colombia

24 25 26 27 28 29 30 LBS 25 24 23 22 21 20

Quisiera dedicar
este libro a mi esposa, Lisa.
Soy un hombre privilegiado por estar casado
con tal mujer. Podría llenar otro libro hablando
de sus virtudes y su carácter piadoso,
pero resumiendo su vida en una sola frase, diría que
es una mujer que teme al Señor.

«Abre su boca con sabiduría,
y la ley de clemencia está en su lengua.
Considera los caminos de su casa,
y no come el pan de balde.
Se levantan sus hijos y la llaman bienaventurada;
y su marido también la alaba: muchas mujeres
hicieron el bien; mas tú sobrepasas a todas.
Engañosa es la gracia, y vana la hermosura;
la mujer que teme a Jehová, ésa será alabada».
—Proverbios 31:26–30

Te estoy agradecido Padre, por tu hija Lisa Bevere.

MI MÁS APRECIACIÓN A ...

... Mi esposa, Lisa. Junto al Señor, eres mi gran amor y tesoro. Gracias por las horas de edición con las que contribuiste a este libro. ¡Te amo, mi amor!

... Nuestros cuatro hijos. Todos ustedes han traído gran gozo a mi vida. Gracias por compartir el llamado de Dios y animarme a viajar y escribir.

... Mis padres, John y Kay Bevere. Gracias por enseñarme inicialmente el temor de Dios a través del estilo de vida piadoso que han ejemplificado.

... Aquellos quienes se han tomado el tiempo y han dado parte de sus vidas para enseñarme y mostrarme los caminos del reino, he visto diferentes facetas de Jesús en cada uno de ustedes.

... Al personal de John Bevere Ministries. Gracias por su constante apoyo y fidelidad. Lisa y yo los amamos a cada uno de ustedes, profundamente.

... Todo el personal de Casa Creación, quienes han trabajado con nosotros y han sido de tanto apoyo para nuestro ministerio. Ha sido un gozo trabajar con ustedes.

... Más importante, mi sincera gratitud a mi Señor. ¿Cómo pueden las palabras reconocer adecuadamente todo lo que has hecho por mí y por tu pueblo? Te amo más de lo que nunca seré capaz de expresar. ¡Te amo eternamente!

CONTENIDO

Introducción

En el verano de 1994 fui invitado a ministrar en una iglesia en la parte sur de los Estados Unidos. Terminaría siendo una de las más desagradables experiencias ministeriales que jamás haya tenido. A pesar de eso, nació en mi corazón una búsqueda apasionada por conocer y entender el temor del Señor.

Dos años antes era una iglesia que había experimentado un poderoso mover de Dios. Un evangelista había venido por un período de cuatro semanas, y el Señor revivió esta iglesia con la presencia de Él mismo. Ellos estaban experimentando lo que muchos llaman «la risa santa». Era tan refrescante que el pastor y mucha de su gente hicieron que sucediera con frecuencia; permanecieron acampados en el lugar refrescante, en lugar de continuar en la búsqueda de Dios. Pronto desarrollaron más interés en las manifestaciones refrescantes que en conocer al Señor que refresca.

En la segunda noche de nuestras reuniones, el Espíritu de Dios me guió a predicar sobre el temor de Dios. En ese tiempo mi entendimiento sobre el temor de Dios todavía estaba formándose, pero Dios me guió a predicar sobre lo que Él ya me había mostrado en las Escrituras.

La siguiente noche fui al servicio, totalmente desprevenido para lo que estaba a punto de suceder. Sin ninguna discusión previa, el pastor se puso de pié luego de la oración y la alabanza, y utilizó una considerable cantidad de tiempo corrigiendo lo que yo había predicado la noche anterior. Yo estaba sentado en la primera fila, casi en shock. La base de su corrección era que los creyentes del Nuevo Testamento no tenían temor de Dios. Él respaldó esto con 1 Juan 4:18: «En el amor no hay temor, sino que el perfecto amor hecha fuera el temor; porque el temor lleva en sí castigo. De donde el que teme, no ha sido perfeccionado en el amor». Había confundido al *espíritu de temor* con el *temor al Señor*.

A la mañana siguiente encontré un área despejada fuera de mi hotel, donde invertí una considerable cantidad de tiempo orando. Fui delante del Señor con un corazón abierto y sometido a cualquier corrección que Él deseara hacerme. He aprendido que la corrección de Dios es siempre para mi beneficio. Él nos corrige para que podamos tomar parte de su santidad (Hebreos 12:7–11). Casi inmediatamente sentí el arrollador amor de Dios. No percibí su desagrado con lo que había predicado, sino más bien su aprobación. Las lágrimas rodaron por mi cara en su maravillosa presencia.

Continué en oración y, después de un rato, me encontré clamando desde lo profundo de mi espíritu por conocimiento del temor del Señor. Levanté mi voz, juntando toda mi fuerza interior, y clamé «¡Padre, quiero conocer y caminar en el temor del Señor!».

Cuando terminé de orar no me importaba lo que tuviera que enfrentar en el futuro. Todo lo que quería era conocer su corazón. Sentía que mi pedido para conocer esta faceta de su naturaleza santa lo había agradado profundamente. Desde aquél día Dios ha sido fiel en revelarme la importancia del temor de Dios. Él ha revelado su deseo de que todos los creyentes también conozcan la importancia de esto.

Aunque siempre había conocido que el temor de Dios era importante, no comprendía cuán integral era hasta que Dios abrió mis ojos en respuesta a aquella oración. Siempre había visto al *amor* de Dios como el fundamento para la relación con el Señor. Muy pronto descubrí que el *temor* del Señor era tan fundamental como el amor.

*«Será exaltado Jehová, el cual mora en las alturas; llenó
a Sión de juicio y de justicia. Y reinarán en tus tiempos
la sabiduría y la ciencia, y abundancia de salvación; el
temor de Jehová será su tesoro».*

—Isaías 33:5-6

El temor santo es la clave del fundamento seguro de Dios, descubriendo los tesoros de la salvación, sabiduría y conocimiento. ¡Junto con el amor de Dios, compone el fundamento mismo de la vida! Pronto aprenderemos que no podemos realmente amar a Dios mientras no lo temamos, y no podremos temerle apropiadamente hasta que lo amemos.

Mientras escribo este libro, nuestra familia esta construyendo una nueva casa. He visitado el lugar de construcción muchas veces, y Dios uso esos momentos para enseñarme lecciones a partir de algunos de los principios básicos de construcción. La construcción actual comienza con el fundamento y la estructura o encolumnado de la casa. Eso sostendrá todos los componentes finales, tales como las tejas, las alfombras, las ventanas, gabinetes y pintura. Una vez que la casa esté terminada no se verá ninguna parte del fundamento ni de la estructura; sin embargo, ellos protegen y sostienen todos los bellos muebles y las terminaciones del interior. Sin esa estructura usted tendría un poco más que una pila de materiales.

Lo mismo es verdad con la construcción de este libro. Claramente delinearemos entre el temor de Dios y su juicio, entonces progresaremos sobre un conocimiento íntimo de Él. Iremos por la protección que dicho temor provee del juicio, y concluiremos con su rol en nuestra intimidad con Dios. Cada capítulo sostiene verdades que son informativas y transformadoras. Los primeros capítulos proveerán la estructura para el resto del libro; desarrollarán en nuestros espíritus la fuerza para sostener lo que Dios quiere revelarnos.

Lea como si este libro fuera una casa en construcción. No salte de la estructura a la alfombra. Sin el techo, la alfombra necesitará ser reemplazada antes de que la construcción este completa. Construir es una progresión.

Tómese el tiempo de leer y entender cada capítulo en un clima de oración, antes de pasar al siguiente. Pídale al Espíritu Santo que le revele la Palabra de Dios a través de este libro, «porque la letra mata, mas el espíritu vivifica» (2 Corintios 3:6).

El temor de Dios no es comprendido por la mente sino grabado en nuestros corazones. Es revelado por el Espíritu Santo a medida que leemos su Palabra. Es una de las manifestaciones del Espíritu de Dios (Isaías 11:1–2). Dios desea impartirla a los corazones de aquellos que fervorosamente lo buscan (Jeremías 29:11–14; 32:40).

«Padre, en el nombre de Jesús, he abierto este libro porque deseo conocer y entender el temor santo de Dios. Me doy cuenta de que esto es imposible sin la ayuda del Espíritu Santo. Te ruego que me unjas con tu Espíritu. Abre mis ojos para que vean, mis oídos para que escuchen, y mi corazón para que pueda conocer y entender qué es lo que me estás diciendo.

«A medida que leo, déjame escuchar tu voz dentro de las palabras de este libro. Transfórmame; llévame de un nivel de gloria a otro. Luego llévame nuevamente con el objetivo de finalmente verte cara a cara. Permite que mi vida sea tan transformada que nunca vuelva a ser el mismo.

«Por esto, te doy toda la alabanza, la gloria y el honor, ahora y para siempre. Amen».

—John Bevere

1

Viento del cielo

«...En los que a mí se acercan me santificaré, y en presencia de todo el pueblo seré glorificado...«

—Levítico 10:3

Habían pasado solo diez días del nuevo año 1997. En aquellos pocos días ya había estado en Europa y Asia para ministrar. Estaba entusiasmado mientras subía nuevamente a un avión, esta vez hacia América del Sur. Nunca había estado en Brasil y estaba honrado de haber sido invitado a hablar en una conferencia nacional, la cual tendría lugar en tres de sus principales ciudades. Después de haber volado toda la noche fui recibido en el aeropuerto por algunos líderes muy hambrientos y expectantes. Se habían estado anticipando a esas reuniones y su entusiasmo me reavivó.

La primera reunión se realizó esa misma tarde en la ciudad capital, Brasilia. Después de unas pocas horas de descanso, me recogieron del hotel junto con mi intérprete y nos llevaron a la reunión. Los autos llenaban el estacionamiento y las calles, y pude ver que la reunión estaba muy concurrida. A medida que nos acercábamos al edificio pude escuchar la música que se escapaba a través de la abertura de ventilación de un metro y medio, entre la pared y el techo. Mis propias excitación y anticipación subían mientras escuchaba la música de coros familiares cantados en portugués —el idioma oficial de Brasil.

Una vez adentro, fui guiado directamente a la plataforma. El auditorio, con capacidad para 4000 personas, estaba lleno. La plataforma vibraba con música de adoración de alta intensidad. La calidad de la música era muy buena, dada la capacidad y la cohesión entre los músicos. El canto también era excelente, los líderes estaban dotados con muy buenas voces. A pesar de todo esto, rápidamente noté una completa ausencia de la presencia de Dios. Mientras miraba a la multitud y a los músicos, pensé: «*¿Dónde esta Dios?*», por lo que inmediatamente pregunté: «¿Señor, dónde esta tu presencia?»

Mientras esperaba por su respuesta, me di cuenta de lo que estaba sucediendo en el edificio. A través de las brillantes luces de la plataforma pude ver a la gente moviéndose impaciente. Muchos estaban de pié, con sus ojos abiertos, mirando alguna cosa o persona en el edificio. Muchos parecían estar aburridos. Sus manos estaban en sus bolsillos o colgando pesadamente a los costados. Todo acerca de la posición de su cuerpo y rostros daban la apariencia de una multitud informal, esperando pacientemente que comenzara el espectáculo. Algunos hablaban entre ellos y otros paseaban por los pasillos, entrando y saliendo del auditorio.

Yo estaba afligido. Esto no era una reunión evangelística sino una conferencia de creyentes. Sabía que tal vez había algunos en la audiencia que no lo eran, pero también sabía que la mayoría de los presentes en esa multitud indiferente eran «cristianos».

Esperé, deseando que la gente pudiera entrar en una verdadera reverencia al Señor. Pensé: «*Seguramente esta atmósfera va a cambiar*». Pero no fue así. Después de veinte o treinta minutos, el tiempo de la música fue más lento, entrando a lo que llamamos «canciones de adoración». Aun así, lo que presenciaba estaba lejos de la verdadera adoración. El mismo comportamiento informal que había observado cuando entré al auditorio continuó durante el programa.

Cuando el servicio musical terminó parecía que había pasado más de una hora, pero en realidad habían sido menos de cuarenta minutos. Se les dijo a los presentes que se sentaran. Ellos se sentaron, pero el murmullo de la conversación informal continuó. Uno de los líderes tomó el micrófono para exhortar a la gente, pero la gente seguía hablando. El líder leyó y enseñó de la Biblia. Durante todo el tiempo escuché el murmullo de muchas voces hablando y mucha gente moviéndose en la congregación. También noté que muchos no prestaban atención al predicador. Apenas si podía creer lo que estaba viendo. En frustración, me incliné hacia mi intérprete y le pregunté si este comportamiento era común en sus servicios.

Él compartió mi disgusto.

—A veces tengo que dirigirme a la gente y pedirles que por favor presten atención —murmuró.

A esta altura yo me estaba enojando. Había estado en otras reuniones donde la gente se comportaba de esta forma, pero nunca en esta magnitud. En cada una de aquellas reuniones había encontrado una atmósfera espiritual similar, pesada, vacía de la presencia de Dios. Ahora sabía que mi pregunta —*¿Señor, dónde esta tu presencia?* —había sido contestada. Ciertamente su presencia no estaba aquí.

El espíritu de Dios entonces me habló y me dijo: «Quiero que confrontes esto directamente».

Cuando finalmente fui presentado, el murmullo había disminuido, pero todavía estaba presente. Subí al púlpito y, parado allí, miré a la multitud. Estaba determinado a no decir nada hasta que tuviera su atención. Sentía una indignación santa quemando en mi pecho. Después de un minuto todos se callaron, dándose cuenta de que no estaba pasando nada en la plataforma.

No me presenté o saludé a la multitud. En lugar de eso comencé con esta pregunta: «Qué les parecería si mientras ustedes estuvieran hablando con alguien esa persona los ignora todo el tiempo, o comienza a conversar con la persona que tiene cerca? ¿O si sus ojos dan vuelta con desinterés o falta de respeto?»

Hice una pausa y luego contesté mi propia pregunta: «No les gustaría, ¿verdad?»

Fui más adelante: «Qué pasaría si cada vez que tocaran a la puerta de su vecino fueran saludados con una actitud indiferente y con un monótono: «Oh, otra vez *usted*. Pase»».

Hice una pausa, y luego agregué: «Usted no lo visitaría más, ¿no es así?»

Luego declaré firmemente: «¿Piensan que el Rey de reyes y Señor de señores va a venir a un lugar donde no se le da honor y reverencia? ¿Piensan que el Maestro de toda la Creación hablará cuando su Palabra no es respetada lo suficiente como para escucharla atentamente? ¡Ustedes se engañan si creen eso!»

Continué: «Esta noche, cuando entré a este edificio, no sentí la presencia de Dios para nada. Ni en las oraciones, ni en la alabanza, ni en la exhortación, o durante la ofrenda. Hay un motivo para eso: el Señor nunca va donde no es reverenciado. El presidente de su país tendría garantizado todo el honor hoy en esta plataforma, simplemente por respeto al cargo que ocupa. Si yo estuviera parado aquí esta noche con uno de sus jugadores favoritos de fútbol, muchos de ustedes estarían sentados al borde de sus asientos, ansiosos, anticipando y escuchando cada una de las palabras que dijera. Pero cuando la Palabra de Dios fue leída hace unos minutos atrás, apenas si escucharon; la tomaron livianamente».

Entonces procedí a leer lo que Dios requiere de aquellos que se acercan a Él:

«…en los que a mí se acercan me santificaré, y en presencia de todo el pueblo seré glorificado».

—Levítico 10:3

Durante la siguiente hora y media prediqué el mensaje que Dios había encendido en mi corazón. Las palabras vinieron con fuerza y autoridad, y no tuve temor acerca de lo que la gente podía pensar, o como podían reaccionar.

«No me importa si mañana me echan de su país; ¡prefiero obedecer a Dios!», me dije a mí mismo—y eso es lo que quiero decir.

Entre cada una de mis declaraciones se hubiera podido escuchar un alfiler caer en los momentos de silencio. Durante esa hora y media no hubo más ruido en la multitud. No hubo más falta de respeto. El Espíritu de Dios había atrapado la atención de la gente hacia su Palabra. La atmósfera cambió instantáneamente. Podía sentir la Palabra de Dios penetrando a través de la dura cubierta de sus corazones.

Al cierre de mi mensaje, le pedí a cada uno de los presentes que cerraran sus ojos. El llamado al arrepentimiento fue breve y puntual: «Si usted ha tratado como común a lo que Dios llama santo, si ha vivido con una actitud irreverente hacia las cosas de Dios, y si esta noche ha sido convencido por el Espíritu Santo a través de su Palabra, ¿esta listo para el arrepentimiento delante del Señor? Si es así, póngase de pié». Sin vacilar, el 75% de las personas se pusieron de pié.

Incliné mi cabeza e hice en voz alta esta simple y sincera oración: «Señor, confirma tu palabra predicada a esta gente en esta noche».

Inmediatamente, la presencia de Dios llenó el auditorio. Aunque yo no había guiado a la congregación en la oración, podía escuchar llantos y lamentos levantarse de entre la multitud. Era como si una ola de la presencia de Dios hubiera barrido el edificio, trayendo limpieza y frescura. No era posible que todos los presentes pasaran al frente al altar, por lo que los guié en una oración al arrepentimiento que podían hacer desde donde estaban parados. Miraba cómo la gente se limpiaba las lágrimas. Su preciosa presencia continuaba.

Luego de unos pocos minutos, la presencia de Dios disminuyó. Animé a la gente a no perder su enfoque en su Maestro. «Acérquense a Dios, y Él se acercará a ustedes».

Pasaron unos pocos minutos y otra ola de su presencia fluyó en el edificio. Hubo más lágrimas, mientras el llanto se intensificaba. Su presencia era aun mucho más trascendental esta vez, y más gente era tocada por el Maestro. Esto duró por unos pocos minutos, entonces nuevamente disminuyó. Exhorté a la gente a no sucumbir entre las olas, sino a mantener firme el enfoque de su corazón.

Unos minutos después escuché al Espíritu de Dios murmurar a mi corazón: «Vengo nuevamente». Inmediatamente lo sentí y dije: «¡Viene nuevamente!»

Lo que ahora voy a escribir no representa adecuadamente lo que pasó después. Mis palabras son muy limitadas y Dios muy asombroso. Ni voy a exagerar, porque eso también sería irreverente. Entrevisté a otros tres líderes que estaban presentes, para clarificar y confirmar lo que ahora voy a registrar.

Tan pronto como la palabra «nuevamente» salió de mis labios, sucedió lo siguiente. La única forma que conozco para describirlo es compararlo con estar parado a unos 90 metros del final de la pista, mientras un gran jet levanta vuelo justo frente suyo. Esto describe el rugir del viento que inmediatamente sopló a través del auditorio. Casi simultáneamente, la gente irrumpió en intensa y ferviente oración. Sus voces se alzaban y combinaban casi en un solo grito.

Cuando primeramente escuché la corriente del viento, pensé que un jet justo había pasado sobre el edificio. De ninguna forma quería atribuirle algo a Dios si había alguna opción de que no lo fuera. Mi mente corrió a pensar en la proximidad del aeropuerto.

No estaba ni siquiera cerca, y habían pasado dos horas sin sonido de aviones por encima.

Me volví hacia el interior, al Espíritu, dándome cuenta de que podía sentir la presencia de Dios en una forma asombrosa, y que la gente había estallado en oración. Ciertamente, esto no era en respuesta al paso de un avión.

Si hubiera sido un avión, para sonar de esa forma tendría que haber estado volando a una baja altitud; no más de 100 metros sobre el edificio. Y aun así, no hubiera sido posible escuchar tan poderoso ruido sobre el estrépito de tres mil personas orando en voz alta.

El sonido que escuché era mucho más fuerte, y claramente más poderoso que todas las voces. Con esto resuelto en mi mente, de que ese viento era del Espíritu Santo, todavía no dije nada. No quería dar información inadecuada o exagerar ante la gente, con demasiadas declaraciones de manifestaciones espirituales. El rugido de ese viento duró aproximadamente dos minutos. Cuando disminuyó, dejó como consecuencia gente orando y llorando. La atmósfera estaba cargada con reverencia santa. La presencia del Señor era real y poderosa.

Los poderosos resultados de su presencia continuaron durante quince o veinte minutos. Luego me di vuelta en la plataforma, hacia el líder, y solicité ser sacado del edificio inmediatamente. Con frecuencia, demoro en irme y hablo con otros después del servicio, pero ahora cualquier conversación casual parecía inapropiada. Los líderes me invitaron a cenar con ellos, pero decliné la invitación. Todavía sacudido por su presencia, respondí: «No, sólo quiero regresar a mi habitación en el hotel».

Fui escoltado hasta el auto. Regresé al hotel acompañado por mi intérprete, por una señora y su esposo, quienes eran líderes. Esta mujer era artista musical, y era popular en el país.

Subió al auto, gritando:

—¡¿Escucharon el viento?!

Rápidamente respondí:

—Era un avión. —Aunque en mi corazón sabía que no lo era, quería confirmación, y estaba determinado a no ser el primero en decir algo.

—No —dijo ella y sacudió su cabeza. —Era el Espíritu del Señor.

Luego su esposo, un hombre a quien había visto como muy tranquilo y reservado, firmemente declaró:

—No había ningún avión cerca del edificio.

—¿De veras? —exclamé.

Él continuó:

—Además, el sonido de ese viento no vino a través del panel de sonido; los medidores de la consola no registraron ningún ruido.

Me senté asombrado, en completo silencio.

Más tarde supe el motivo por el cual este hombre estaba tan seguro de que el viento que escuchamos no había sido causado por ningún avión. Había personal de seguridad y policía en el *exterior* del edificio, quienes también reportaron haber escuchado un poderoso sonido viniendo del *interior* del mismo. Afuera no hubo viento, solo otra plácida tarde brasileña.

Su esposa continuó, mientras las lágrimas caían por sus mejillas:

—¡Vi olas de fuego cayendo sobre el edificio, y ángeles por todos lados!

Apenas si podía creer lo que oía. Había escuchado esta misma descripción usada por un ministro dos meses antes, en unas reuniones en Carolina del Norte. Había predicado sobre el temor de Dios, y la presencia de Dios había caído poderosamente en aquellas asambleas. Más de cien niños pequeños habían llorado profundamente durante una hora. Una ministro que estaba de visita le dijo al pastor que ella había visto olas de fuego cayendo sobre el edificio. Esto también había sido confirmado por tres miembros del coro.

Ahora solamente quería estar a solas con el Señor. Una vez en la privacidad de mi habitación del hotel, lo único que pude hacer era orar y adorar.

Estaba programado que predicara en un servicio más, antes de salir para Río de Janeiro. Esta vez, cuando entré en el auditorio, la atmósfera era totalmente diferente. Podía sentir restaurado el respeto por el Señor. Esta vez la música no era solamente buena pero sin la presencia del Señor; era maravillosa, ungida, y la presencia del Señor era dulce.

David dice: «... Adoraré hacia tu santo templo en tu temor» (Salmo 5:7). Toda adoración verdadera está anclada en una reverencia por su presencia, porque Dios dice: «... y mi santuario tendréis en reverencia» (Levítico 19:30).

En este segundo servicio una buena cantidad de personas recibió liberación y sanidad. Muchos que habían estado atados a la amargura y que habían sido ofendidos, fueron libres. Donde el Señor es reverenciado, su presencia se manifiesta—y donde su presencia se manifiesta, las necesidades son cubiertas.

Ahora podemos entender la urgencia de David:

> *«Temed a Jehová, vosotros sus santos,*
> *pues nada falta a los que le temen».*
>
> —Salmo 34:9

Este es el mensaje que usted tiene hoy en sus manos: el temor del Señor. En estas páginas buscaremos, con la ayuda del Espíritu Santo, no solo el significado del temor del Señor sino también lo que significa caminar en los tesoros de esa verdad. Aprenderemos sobre el juicio que viene cuando hay falta de temor santo, así como de los gloriosos beneficios dentro del temor de Dios.

2

Gloria cambiada

«Porque ¿quién en los cielos se igualará a Jehová?
¿Quién será semejante a Jehová entre los hijos
de los potentados?
Dios temible en la gran congregación de los santos,
y formidable sobre todos cuantos están alrededor
de él».

—Salmo 89:6–7

Antes de hablar sobre el temor de Dios, debemos vislumbrar la grandeza y gloria del Dios a quien servimos. El salmista declara primero las asombrosas maravillas de Dios, y luego da una exhortación a tener temor de Él. Sus palabras, relatadas en un lenguaje actual, podrían constituir una pregunta atrevida: «¿Quién en el universo puede compararse con el Señor?»

Él quiere que meditemos en la insondable gloria de Dios. ¿Cómo podemos honrarlo y respetarlo debidamente si permanecemos ignorantes de su grandeza, o de por qué lo merece?

Famoso, pero desconocido

Para explicarlo, imaginémonos a alguien que es famoso en la nación más poderosa sobre la tierra. Es un hombre talentoso y erudito. Todos en su país conocen sobre su grandeza y fama. Es un inventor con la contribuciones y descubrimientos científicos más sobresalientes y significantes conocidos por el hombre. Es el mejor atleta de ese país. De hecho, nadie puede competir con él en ningún área de la vida. En adición a todo esto, es el rey y sabio gobernante. Se le brinda un tremendo respeto y honor a cualquier nivel y en cualquier lugar del país. Grandes desfiles y reuniones son realizadas en su honor.

Ahora bien, ¿que pasaría si ese rey viajara a otro país, donde su posición y grandeza fueran desconocidas? ¿Con qué clase de recepción sería recibido en un país extraño, que además es un país inferior en todos los sentidos a su propia nación?

Aunque los grandes hombres de ese país están muy por debajo del calibre de este gobernante, este noble rey decide ir a visitarlos como un hombre común, sin sus vestiduras reales, sin su séquito de nobleza, sin su fuerza de seguridad, ni sus consejeros y sirvientes. Va solo. ¿Cómo sería tratado?

Para ponerlo de una manera sencilla, sería tratado igual que cualquier otro extranjero. Aunque este hombre es mucho más grande que los más importantes de esa nación, se le daría poco respeto, o tal vez nada. Algunas veces puede llegar incluso a ser tratado con desprecio, simplemente porque es un extranjero. Sus inventos y descubrimientos científicos han beneficiado grandemente a esta nación, pero la gente no lo conoce, y por lo tanto no le dan el respeto y honor que merece.

Ahora escuchemos el relato de Juan acerca de Jesús, Emanuel, Dios manifestado en la carne:

«En el mundo estaba, y el mundo por él fue hecho; pero el mundo no le conoció. A lo suyo vino, y los suyos no le recibieron».

—Juan 1:10–11

Es muy triste que el Único que creó el universo y el mismo mundo en que vivimos, no recibió la recepción y el honor que merecía. Aun más trágico, vino a los suyos, a aquellos que lo habían esperado y que habían conocido su pacto, aquellos que, a su tiempo, había liberado por su poder; aun así no recibió honor. La gente hablaba de su venida, iba al templo regularmente anticipando su venida, y oraban por los beneficios que acompañarían su reinado, no obstante no lo reconocieron cuando Él vino.

Los suyos no reconocieron al maravilloso que habían profesado servir fielmente. Los israelitas no solo eran ignorantes de la grandeza del poder de Dios, sino que también eran igualmente ignorantes de la grandeza de su sabiduría. Por lo tanto no es de asombrarse que no le dieran el temor o la reverencia que Él merecía. Dios explicó:

«…Porque este pueblo se acerca a mí con su boca, y con sus labios me honra, pero su corazón está lejos de mí, y su temor de mí no es más que un mandamiento de hombres que les ha sido enseñado…»

—Isaías 29:13

Él dice: «…su temor de mí no es más que un mandamiento de hombres que les ha sido enseñado…» Está diciendo que la gente ha reducido la gloria de Dios a la gloria del hombre corruptible. Sirven a Dios según la imagen que se han creado: no por su verdadera imagen, sino por sus propios estándares.

Cambiando la gloria del incorruptible Dios

Esto no estaba limitado a la generación de Jesús, aunque había llegado a niveles muy bajos durante esos tiempos. Este mismo error se repitió a través de las generaciones de ese pueblo al que se le habían confiado —y que se suponía comprometido con—los oráculos de Dios.

Aun vemos esta irreverencia expuesta en la transgresión de Adán. Él escuchó la sabiduría de la serpiente: «Sino que sabe Dios que el día que comáis de él, serán abiertos vuestros ojos, y seréis como Dios, sabiendo el bien y el mal» (Génesis 3:5).

«Oh Dios, ¿quién como tú?», pregunta el salmista (Salmo 71:19), por lo que era inútil para Adán pensar que podía ser *como Dios* apartado de Dios. En la vanidad de su mente, Adán redujo a Dios al nivel de un simple hombre.

Si usted mira el error de los hijos de Israel en el desierto, encontrará la misma raíz como causa de su rebelión. Su temor de Dios fue determinado por su propia imagen equivocada de la gloria de Dios.

Moisés subió al monte Sinaí para recibir la Palabra de Dios. Pasaron varios días, entonces «... la gente se congregó...» (Éxodo 32:1, BDLA). Siempre hay problemas cuando la gente se reúne en su propia sabiduría, aparte del poder y la presencia de Dios. En lugar de esperar por los mandamientos de Dios, la gente se reunió e intentaron hacer algo por ellos mismos, algo que los agradara. Lo que solo Dios puede proveer es sustituido por una falsificación temporal.

Ellos habían visto el poder de Dios manifestarse una y otra vez, sin embargo crearon un becerro de oro. Actualmente esto puede parecer ridículo, pero no lo fue para los israelitas. Por más de 400 años habían visto esta clase de objetos en Egipto. Era algo familiar en la cultura egipcia, y por lo tanto algo común.

Una vez hecho, el becerro de oro fue llevado delante del pueblo, quienes, todos a una, dijeron: «Israel, estos son tus dioses, que te sacaron de la tierra de Egipto» (Éxodo 32:4). Luego una proclamación fue hecha por su líder: «Mañana será fiesta para el Señor» (Éxodo 32:5, BDLA). Para entender lo que estaban diciendo, debemos mirar a la palabra hebrea para «Señor», usada en el versículo 5. Es la palabra *Yehovah*, también conocida como *Jehová* o *Yahvé*. Esta palabra es definida como «el único que existe», el nombre apropiado para el único verdadero Dios.

Ellos usaron el nombre del único Dios verdadero. Era el nombre de Aquél a quien Moisés predicaba, el nombre de Aquél con el que Abraham tenía un pacto, el nombre de Aquél a quien servimos. Jehová no es utilizado para describir ningún falso dios en la Biblia. Este nombre de Jehová o *Yahvé* era tan sagrado que, más tarde, a los escribas hebreos no se les permitía escribir el nombre completo; intencionalmente omitían las vocales en reverencia a lo sagrado del nombre.*

Entonces, en esencia, tanto el pueblo como los líderes habían señalado a este becerro de oro y lo llamaron Jehová, ¡el único Dios verdadero, quien los había sacado de Egipto! Ellos no dijeron: «Este es Baal, aquél que nos sacó de Egipto», ni usaron ningún otro nombre de dioses falsos. Llamaron a este becerro con el nombre del Señor, reduciendo así la grandeza del Señor a términos comunes e imágenes finitas con las que estaban familiarizados.

Es interesante notar que los israelitas todavía reconocían que había sido Jehová quien los había librado de su cautiverio. No negaban que Él lo hubiera hecho; simplemente reducían la grandeza de Dios a un nivel en el que se sintieran más cómodos. En el Antiguo Testamento, la salida de Egipto es un tipo de la separación del mundo y el ser salvos en el Nuevo Testamento. Los eventos

---

* En realidad, en el hebreo antiguo las vocales no se escribían en ninguna parte escrita; sólo se usaban oralmente. Lo que sucedió en el tiempo posexílico fue que no se permitía mencionar el nombre de Dios tal cual era, por lo cual se usaba una variante que resultaba de unir las consonantes del tetragrámaton—el nombre de Dios—con las vocales de *Adonai* (o *edonai*), que en hebreo significa «Señor». De allí sale la forma «Jehová».

naturales del Antiguo Testamento son tipos y símbolos de lo que iba a suceder en el Nuevo Testamento.

Sirviendo a Dios a la imagen en que fuimos creados

Ahora escuchemos lo que Pablo nos escribió en el Nuevo Testamento:

> *«Porque las cosas invisibles de él, su eterno poder y deidad, se hacen claramente visibles desde la creación del mundo, siendo entendidas por medio de las cosas hechas, de modo que no tienen excusa.*
> *Pues habiendo conocido a Dios, no le glorificaron como a Dios, ni le dieron gracias».*
> —Romanos 1:20-21

Note que ellos no lo glorificaron como a Dios. Reconocieron que Jehová los liberó, pero no le dieron el honor, la reverencia y la gloria que merecía. Bien, esto no ha cambiado mucho, por eso Pablo continúa diciendo acerca de aquella gente en los tiempos del Nuevo Testamento, quienes no le habían dado a Dios la reverencia que merecía:

> *«... Y cambiaron la gloria del Dios incorruptible en semejanza de imagen de hombre corruptible...»*
> —Romanos 1:23

Nuevamente vemos reducida la imagen del único Dios verdadero. Esta vez no es un becerro sino la imagen de un hombre corruptible. Israel estaba rodeado por una sociedad que adoraba imágenes de oro con forma de animales e insectos. La iglesia moderna esta rodeada por una cultura que adora al hombre.

Durante los últimos años esta declaración a pasado por mi mente consistentemente:

Hemos servido a Dios en la imagen que nosotros hemos creado.

En mis viajes por cientos de iglesias he encontrado una mentalidad que reduce la imagen y gloria de Dios a la imagen de un simple hombre corruptible. Esta mentalidad a impregnado la iglesia.

Hay gente que es rápida para reconocer a Jesús como salvador, sanador y liberador. Con sus bocas reconocen su señorío. Sin embargo reducen su gloria al nivel de hombre corruptible a través de sus acciones y las actitudes de corazón.

Dicen: «Dios es mi amigo; Él entiende mi corazón». Es cierto que Dios entiende nuestros corazones aun más profundamente de lo que nosotros nos entendemos a nosotros mismos. Pero comúnmente este comentario es dado en justificación de acciones que contradicen su pacto. El hecho es que están en desobediencia a la Palabra de Dios. En las Escrituras, la única gente a la que veo que Dios llama «sus amigos» son aquellos que tiemblan ante su palabra y presencia, y que son rápidos en obedecer, no importa el costo.

Por lo tanto Él no recibe el honor y reverencia que merece, de otro modo le obedecerían instantáneamente. Con sus labios lo honran, pero su temor hacia Él es enseñado por mandamientos de hombres. Han filtrado sus mandamientos y la Palabra de Dios a través del pensamiento de su propia influencia cultural. Su imagen de la gloria de Dios está formada por sus percepciones limitadas, más que por su verdadera imagen como es revelada a través de su Palabra Viva.

Eso ubica a estos hombres y mujeres prontos a criticar la autoridad, así como nuestra sociedad es rápida para hacerlo. Tenemos programas de televisión, desde comedias de la vida diaria hasta programas con público participativo, que atacan a la autoridad constantemente. Los medios de difusión ridiculizan al liderazgo y exaltan al astuto y rebelde. Pero, ¿qué pasa si los líderes son corruptos? ¿Qué dice Dios acerca de esto? Él dice: «No maldecirás a un príncipe de tu pueblo» (Hechos 23:5). Más aun, asumimos que Dios aprueba la crítica de los líderes corruptos porque hemos reducido su respuesta al nivel de nuestra sociedad, degradándolo a la imagen de hombre corruptible, aun en nuestras iglesias.

He escuchado líderes de iglesias justificando el divorcio con: «Dios quiere que yo sea feliz». Realmente creen que su felicidad está antes que la obediencia a la Palabra de Dios, y al pacto que han hecho con Él.

Un líder de una iglesia me dijo:

—John, he decidido divorciarme de mi esposa porque no nos hemos llevado bien durante los últimos ocho años. No miramos películas o hacemos cosas divertidas juntos. Tu sabes, yo amo a Jesús, y si no estoy haciendo lo correcto, Él me lo va a mostrar...

¿Por qué Dios nos concedería una audiencia privada con Él cuando ignoramos lo que Él *ya* ha declarado?

De alguna forma, estos individuos han distorsionado las palabras de Jesús para justificar una excepción para ellos. Es como si Él hubiera dicho: «Cuando dije en mi palabra que aborrezco el divorcio, no se aplicaba a ti. Quiero que seas feliz y tengas una compañera que haga cosas divertidas contigo. Sigue adelante y divórciate. Si está mal, podrás arrepentirte más tarde».

Esta es la forma en que piensa nuestra sociedad. Nuestras palabras no expresadas declaran: «Para los demás existe el blanco o negro, pero para mí también hay gris. Está mal para los otros porque no me afecta a mí, pero yo estoy exento si la obediencia me hace sentir incómodo».

Cuando esto es hecho a un nivel personal, también será hecho a nivel colectivo. Entonces no es de sorprenderse que en la Iglesia la gloria de Dios sea reducida a l nivel de hombre corruptible

—desde las vidas personales de los líderes de la iglesia hasta los mensajes predicados desde el púlpito.

¿Qué clase de mensajes envía a la congregación esta reducción de la gloria de Dios? Dicen: «Dios no significa o hace lo que dice». Luego nos preguntamos por qué el pecado corre tan libremente entre nosotros y se ha perdido el temor de Dios. No es de extrañarse que los pecadores se sienten pasivamente en nuestros bancos, sin convencerse por nuestras predicaciones. No es de asombrarse que la tibieza prevalezca en nuestras «iglesias basadas en la Biblia». No es de asombrarse que las viudas, los huérfanos, los hombres y mujeres encarcelados y los enfermos sean descuidados por los creyentes.

Con frecuencia los mensajes que hemos predicado durante los últimos veinte años, desde los púlpitos y medios de comunicación radiofónicos, le han dado a Dios la apariencia del «Papá dulce en el Cielo», cuyos deseos es darnos cualquier cosa que queramos y en el momento que lo deseemos. Esto produce una obediencia efímera por razones egoístas. Los padres que educan a sus hijos en esta forma, terminan con niños consentidos. Los niños consentidos pierden el verdadero respeto por la autoridad, especialmente cuando ellos no tienen *lo que ellos quieren en el momento en que lo quieren.* Su falta de reverencia hacia la autoridad los pone fácilmente reaccionables ante la idea de Dios.

¿Cómo podemos ver la reverencia restaurada cuando hemos caído tan bajo con su gloria? ¿Cómo puede prevalecer la obediencia cuando la desobediencia y la rebelión son consideradas como *normales*? Dios restaurará su temor santo a su gente y los volverá a Él, para que ellos le den la verdadera gloria y el honor que Él es digno de recibir. Él ha prometido: «Mas tan ciertamente como vivo yo, y mi gloria llena toda la tierra» (Números 14:21).

3

El sermón del universo

«Mi alma tiene sed de ti, mi carne te anhela ... para ver tu poder y tu gloria».

—Salmo 63:1-2

Para darle a Dios la debida reverencia debemos buscar el conocimiento de la grandeza de su gloria. Este fue el clamor del corazón de Moisés, cuando con temeridad rogó: «Te ruego que me muestres tu gloria» (Éxodo 33:18).

Cuanto más extensa es nuestra comprensión de la grandeza de Dios (aunque es incomprensible en sí misma) más grande es nuestra capacidad de temor o reverencia por Él. Por este motivo el salmista nos anima diciendo: «Porque Dios es el Rey de toda la tierra; cantad con inteligencia» (Salmo 47:7). Somos invitados a contemplar su grandeza.

Más aun, sin demora, el salmista nos dice: «Grande es Jehová, y digno de suprema alabanza; y su grandeza es inescrutable» (Salmo 145:3). Esto me lleva a recordar la historia de la muerte de San Agustín.

Agustín fue uno de los grandes líderes de su época. Sus escritos versan sobre las asombrosas maravillas de nuestro Dios, y han servido como referencia durante cientos de años. Una de sus grandes obras es *La ciudad de Dios*.

En su lecho de muerte, rodeado por sus amigos más cercanos, mientras Agustín se estaba yendo para estar con el Señor, su aliento cesó, su corazón se paró y un sentido de paz llenó la habitación. Repentinamente, su ojos se abrieron nuevamente, y con su cara radiante, le dijo a los presentes: «He visto al Señor, todo lo que he escrito no es más que paja». Luego partió para su hogar eterno.

Santo, santo, santo...

Isaías tuvo una visión de la inescudriñable gloria de Dios. Él vio al Señor sentado en el trono alto y sublime, y su gloria llenaba todo el templo. A su alrededor había ángeles llamados serafines, quienes, a causa de la gran gloria de Dios, cubrían sus caras con sus alas mientras gritaban:

«*Santo, santo, santo, Jehová de los ejércitos; toda la tierra está llena de su gloria*».

—Isaías 6:3

Nosotros hemos cantado estas mismas palabras en nuestras iglesias en forma de himnos. Sin embargo, generalmente, están vacías de la pasión encontrada en esos ángeles. Usted probablemente verá a la gente bostezando o mirando para otro lado mientras cantan esas palabras. ¡Oh, qué diferente es la atmósfera en el salón del trono de Dios!

Estos poderosos y asombrosos ángeles no estaban aburridos o inquietos; no estaban simplemente cantando canciones bonitas. Ellos no decían: «Dios, ya hemos estado cantando estas canciones ante tu trono durante millones de años, ¿crees que podríamos hacer un cambio? Nos gustaría ir a explorar otras partes del Cielo». ¡De ninguna forma! Ellos no desearían estar en ninguna otra parte más, sino permanecer cantando alabanzas delante del trono de Dios.

Estos espectaculares ángeles no estaban simplemente cantando una canción sino respondiendo a lo que ven. Cada momento, a través de sus ojos velados, vislumbraban otra faceta y una mayor dimensión de la gloria de Dios siendo revelada. Impactados, ellos gritaron: «Santo, santo, santo» De hecho, su grito combinado era tan fuerte que los quiciales de las puertas se estremecieron por sus voces y toda la habitación se llenó de humo. ¡Olaláa!, una cosa es que las ondas del sonido sacudan un edificio aquí en la tierra, pero es otra muy diferente sacudir las columnas arquitectónicas del Cielo! Estos ángeles han estado alrededor del trono de Dios desde tiempos inmemorables. Aun así, ellos experimentan una constante revelación del poder y la sabiduría de Dios. Su grandeza es realmente inescrutable.

Sus obras hablan de su gloria

En el último capítulo aprendimos sobre la gran locura del hombre: reducir la gloria de Dios a nuestra imagen y a la medida de hombre corruptible. Vimos estas evidencias en un grado alarmante en la Iglesia. El resto de este capítulo estará dedicado a vislumbrar sólo un poco de la gloria de Dios revelada en su creación. Miremos más allá de lo técnico y meditemos en las maravillas de lo que se describe. a través de su creación, Dios predica un gran sermón y nos da puntos para meditar.

El Salmo 145:10–11 dice: «Te alaben, oh Jehová, todas tus obras…la gloria de tu reino digan, y hablen de tu poder».

Tengo cuatro hijos. Hubo un período de tiempo cuando estaban muy interesados en cierto jugador profesional de baloncesto. Es uno de los atletas más populares en Estados Unidos, e idolatrado por muchos. Por ese tiempo los partidos finales del campeonato estaban en plena actividad, y yo escuchaba el nombre de este jugador continuamente, ya sea a través de los medios de comunicación, de mis hijos o de sus amigos.

Estaba con mi familia ministrando en la costa atlántica del país. Justo habíamos llegado de la playa, donde los niños habían dado vueltas y jugado con las olas. Mientras nos secábamos luego de nadar por un rato, me senté con mis tres hijos mayores para una charla con Papá.

Señalando para afuera de la ventana, dije:

—Qué imponente se ve el océano allí afuera, ¿verdad, niños?

A una, ellos contestaron:

—Sí, Papá.

Continué:

—Ustedes solo pueden ver uno o dos kilómetros adelante, pero en realidad el océano continúa por miles de kilómetros…

Arropados en tibias y secas toallas, los niños escuchaban con ojos asombrados:

—¡Waaauuuu! —dijeron.

—…y este ni siquiera es el más grande. Hay otro más grande aun, llamado Océano Pacífico. Y luego hay otros dos que les siguen.

Los niños asintieron en silencio con la cabeza, maravillados, mientras escuchaban poder de una gran ola rompiendo más allá de nuestra ventana.

Sabiendo que, hasta cierto punto, mis hijos habían tomado consciencia de la inmensa cantidad de agua a la cual yo le había hecho referencia, les pregunté:

—Niños, ¿saben que Dios puede sopesar toda el agua que ven y la que les acabo de describir en la palma de su mano? (Isaías 40:12).

Sus bocas y ojos registraron un genuino asombro. ¡Habían sido impresionados porque aquella estrella de baloncesto podía tomar una pelota con una sola mano! Ahora, sostener una pelota en una mano parecía algo insignificante.

—¿Saben ustedes qué más dice la Biblia acerca de cuán grande es Dios?

—¿Qué más, Papa?

—La Biblia declara que Dios puede medir el universo con el palmo de su mano (Isaías 40:12).

Abriendo mi mano ante ellos, le mostré que *un palmo* es la distancia entre la punta del pulgar y la punta del dedo meñique, cuando estos están bien extendidos.

—¡Dios puede medir todo el universo en la distancia que hay entre su pulgar y su dedo más chico!

El sermón sin fin

El mismo universo declara la gloria del Señor. Lea los escritos inspirados de David:

> *«Los cielos cuentan la gloria de Dios,*
> *y el firmamento anuncia la obra de sus manos.*
> *Un día emite palabra a otro día,*
> *y una noche a otra noche declara sabiduría.*
> *No hay lenguaje,*
> *ni palabras, ni es oída su voz.*
> *Por toda la tierra salió su voz,*
> *y hasta el extremo del mundo sus palabras».*
> —Salmo 19:1–4

Deténgase por un momento y concéntrese en la ilimitada expansión del universo. Haga eso y podrá obtener un rápido vistazo de su ilimitada gloria. En otras palabras, David decía: «El universo lo declara». La creación de Dios no está limitada a la tierra, sino que incluye el universo desconocido. Él acomodó las estrellas en los cielos con sus dedos (ver Salmo 8:3). Para la mayoría de nosotros es difícil comprender la inmensidad del universo.

Después del sol, la estrella más cercana está a 4,3 años luz de distancia. Para que ese número no quede allí como una mera figura, expliquémoslo. La luz viaja a la velocidad de 300.000 kilómetros por segundo (no por hora, ¡por segundo!) Esto es aproximadamente 1.080.000.000 de kilómetros por hora. Nuestros aviones vuelan, aproximadamente, a 800 kilómetros por hora.

La órbita de la luna está a unos 385.000 kilómetros de la tierra. Si viajáramos en avión a la luna, nos tardaría diecinueve días, ¡mientras que la luz lo hace en 1,3 segundos!

Continuemos. El sol está a 150.000.000 de kilómetros de la tierra. Su usted fuera en un avión comercial para ir allá, ¡su viaje tomaría unos veintiún años! ¡Y sin paradas! ¿Dónde estaba usted hace veintiún años atrás? ¡Es un largo tiempo! ¿Puede imaginarse volando tanto tiempo, sin un momento de descanso, sólo para alcanzar el sol? Para aquellos que prefieren manejar... bueno, no podrían hacerlo ni tomando toda la vida: llevaría, aproximadamente, 200 años, sin incluir ninguna estación de servicio o parada de descanso. No obstante, la luz recorre esa distancia en sólo ocho minutos y veinte segundos.

Dejemos al sol y movámonos a la estrella más cercana después de él. Ya sabemos que está a 4,3 años luz de la tierra. Si construimos un modelo a escala de la tierra, el sol y la estrella más cercana, sería algo así: en proporción, la tierra estaría reducida al tamaño de un grano de maíz. El sol tendría el tamaño de una bola de 20 cm. de diámetro. Y de acuerdo a esta escala, la distancia entre la tierra y el sol serían unos 24 m. Recuerde que un avión, en esa escala, tardaría veintiún años para recorrer esos 24 m.

Entonces, si es esta la proporción entre el sol y la tierra, ¿puede adivinar cuán lejos estaría la estrella más cercana de nuestro grano de maíz? ¿Se imagina unos 100 m., 200 m., o tal vez un kilómetro? Ni siquiera se acerca. ¡La estrella más cercana estaría a más de 6000 kilómetros de nuestro grano de maíz! Eso significa que si usted pusiera la semilla de maíz en una isla del Caribe, la estrella estaría más allá de las costas de África.

Para llegar a esta estrella más cercana en un avión comercial, tomaría unos 51.000.000.000 de años, sin interrupciones. La luz viaja de esa estrella a la tierra en sólo 4,3 años.

Extendámonos un poco más. Las estrellas que usted ve a la noche a simple vista están a una distancia de nosotros que oscila entre 100 y 1000 años luz. Sin embargo, hay unas pocas de ellas que usted puede ver, y que se hallan a 4000 años luz. Por mi parte, no haría el intento de calcular la cantidad de tiempo que nos llevaría alcanzar solo una de esas estrellas en avión. No obstante, piense en esto: como vimos, la luz viaja a un promedio de 300.000 kilómetros por segundo, y aun así le lleva 4000 años alcanzar la tierra. Eso significa que la luz de esas estrellas fue emitida antes que Moisés cruzara el Mar Rojo, y ha viajado una distancia de 1.080.000 de kilómetros cada hora, sin detenerse ni aminorar la velocidad, y recién ahora alcanza a llegar a la tierra.

Aun así, estamos hablando de las estrellas en nuestra galaxia. Una galaxia es, generalmente, un vasto conjunto de miles de millones de estrellas. La galaxia en la cual vivimos se llama «Vía Láctea». Entonces, avancemos un poco más.

La galaxia más cercana a la nuestra es la de Andrómeda. Está a una distancia de, más o menos, 2,31 millones de años luz de nosotros. Imagínese: ¡más de dos millones de años luz de distancia! ¿Hemos llegado ya al límite de nuestro entendimiento?

Los científicos estiman que hay miles de millones de galaxias, cada una de ellas compuesta por miles de millones de estrellas. Las galaxias tienden a agruparse. Andrómeda y Vía Láctea forman parte de grupo de al menos treinta galaxias. Otros grupos pueden contener miles de ellas.

El libro de récords mundiales *Guinness* declara que en junio de 1994 fue descubierto un nuevo grupo de galaxias, en forma de capullo. La distancia a través de este grupo de galaxias fue calculada en unos 650 millones de años luz. ¿Puede imaginarse cuánto tiempo le llevaría cruzar esta distancia en avión?

El libro *Guinness* también dice que el objeto más remoto visto por el hombre apareció a 13.200.000.000 de años luz. Nuestras mentes finitas ni siquiera pueden comenzar a comprender distancias tan inmensas. Aún no hemos llegado a ver los últimos grupo de galaxias, sin olvidar todo lo demás que compone el universo, ¡y Dios puede medirlo todo con un palmo de su mano! Para terminar, el salmista nos dice: «Él [Dios] cuenta el número de las estrellas; a todas ellas llama por sus nombres; grande es el Señor nuestro, y de mucho poder; y su entendimiento es infinito» (Salmo 147:4, 5). Él no sólo puede contar millón tras millón de estrellas, sino que también conoce el nombre de cada una de ellas. No es de maravillarse que el salmista exclame: «Su entendimiento es infinito».

Salomón dice: «Pero ¿es verdad que Dios morará sobre la tierra? He aquí que los cielos, los cielos de los cielos, no te pueden contener» (1 Reyes 8:27). ¿Está usted percibiendo un gran pantallazo de su gloria?

Su gloriosa sabiduría es revelada en la creación

> *«… el que hizo la tierra con su poder, el que puso en orden el mundo con su saber, y extendió los cielos con su sabiduría».*
>
> —Jeremías 10:12

No sólo se ve la grandeza y el poder de Dios en la Creación sino también su gran sabiduría y conocimiento. La ciencia ha invertido años y ha gastado grandes cantidades de dinero para estudiar el funcionamiento del mundo natural. Los diseños y materiales de Dios continúan siendo una maravilla.

Todas las formas de vida que han sido creadas están basadas en *células*. Estas son los «bloques de construcción» del cuerpo humano, de las plantas, los animales y de cualquier otra cosa viviente. El cuerpo humano, que en sí mismo es una maravilla de ingeniería, contiene alrededor de 100.000.000.000.000 de células —¿puede entender este número?—, las cuales existen en una gran variedad. En su sabiduría, Él diseñó esas células para que realicen tareas específicas. Ellas crecen, se multiplican, y finalmente mueren, tal como fue programado.

Aunque no se pueden ver a simple vista, las células no son las partículas más chicas conocidas por el hombre. Las células consisten de numerosas estructuras pequeñas, llamadas *moléculas*, y estas comprenden igual número de diminutas estructuras, llamadas *elementos*, y dentro de los elementos pueden encontrarse estructuras más pequeñas aun, llamadas *átomos*.

Los átomos son tan pequeños que el punto usado al final de esta oración contiene más de mil millones de ellos. Tan minúsculo como es el átomo, está hecho casi enteramente de espacio vacío. El resto está compuesto de protones, neutrones y electrones. Los protones y neutrones se encuentran agrupados en un minúsculo y extremadamente denso núcleo, en el centro del átomo. Pequeños racimos de energía, llamados electrones, se mueven alrededor del núcleo a la velocidad de la luz. Estas estructuras constituyen el corazón de los «bloques de construcción» que sostienen todas las cosas juntas.

Entonces, ¿de dónde obtiene el átomo su energía? Y, ¿qué fuerza sostiene sus partículas juntas? Los científicos lo llaman: «energía atómica». Esto es simplemente un término científico para hacer referencia a lo que no pueden explicar. Por eso Dios ha dicho que Él es «quien sustenta todas las cosas con la palabra de su poder» (Hebreos 1:3). Colosenses 1:17 dice: «… y por él se mantiene todo en orden» (DHH).

Deténgase y reflexione en esto por un momento. Aquí está el glorioso Hacedor, a quien el mismo universo no puede contener. El universo es medido por un palmo de su mano; aun así Él es tan detallista en el diseño de la pequeña Tierra y de sus criaturas, que deja a la ciencia moderna desconcertada después de años de estudio.

Ahora usted puede entender más claramente al salmista cuando declara: «Te alabaré; porque formidables, maravillosas son tus obras; estoy maravillado» (Salmo 139:14). Usted también puede ver en esta dispensación, con todo el conocimiento científico que hemos acumulado hasta la fecha, por qué la Palabra dice:

«Dice el necio en su corazón: no hay Dios».

—Salmo 14:1

Por supuesto, muchos libros pueden ser escritos acerca de las maravillas y la sabiduría de su creación. Ese no es mi interés aquí. Mi propósito es despertar asombro y admiración ante el trabajo de sus manos, para que su gran gloria sea declarada.

«¡Tienes razón, Papá!»

Regresemos al episodio con mis hijos. Después de hablarles sobre toda esta información científica en términos que ellos pudieran entender, concluí:

—Así que ustedes están impresionados con un hombre que puede saltar y, desde unos cuantos metros embocar una bola de baloncesto, llena de aire, en un pequeño aro?

Ellos dijeron:

—Tienes razón, Papá.

—¿Qué tiene este jugador de baloncesto que Dios no se lo haya dado? —agregué.

Ellos contestaron:

—Nada.

Desde entonces, la opinión de ellos sobre este hombre ha cambiado desde «héroe de adoración», a «sano respeto». De hecho, sus cartas de baloncesto ahora son llamadas «cartas de oración». Ahora están orando por la salvación de esos hombres, a quienes otros ven como héroes.

Ahora sí, usted puede entender un poco mejor qué era lo que Dios tenía en mente cuando le preguntó a Job: «¿Quién me ha dado a mí primero, para que yo restituya? Todo lo que hay debajo del cielo es mío» (Job 41:11).

Qué es el hombre

> «*Cuando veo el cielo que tú mismo hiciste,*
> *y la luna y las estrellas que pusiste en él,*
> *pienso ¿qué es el hombre?*
> *¿Qué es el ser humano?*
> *¿Por qué lo recuerdas y te preocupas por él?*»
> —Salmo 8:3, 4, DHH

Creo, aunque no puedo probarlo, que el Salmo 8 registra la respuesta, a la Creación, de uno de los poderosos ángeles serafines que rodean el trono de Dios. Deténgase y piense en esto, y trate de verlo a través de los ojos de este ángel. Este asombroso, poderoso Dios, quien acaba de crear el universo y de poner las estrellas en sus lugares usando sus propios dedos, ahora se acerca a esta pequeña partícula de un planeta llamado Tierra, y transforma lo que pareciera ser una insignificante mancha, en el cuerpo de un hombre.

Pero lo que realmente asombra a este ángel es el punto principal de la atención divina; esa atención está puesta totalmente en este ser llamado *hombre*. El salmista nos dice que los pensamientos divinos hacia nosotros son preciosos, y que la suma de ellos es tan grande que si fueran contados serían más numerosos que la arena sobre la tierra (Salmo 139:17, 18). Viendo esto, creo que este ángel

gritó: «qué es esto en lo que estás tan interesado, y tan amorosa-
mente involucrado? ¿Qué es esta pequeña cosa que está constantemente en tu mente, que constituye el foco total de tus planes?»

Tómese su tiempo, quédese quieto y considere las obras de sus
manos. Se nos ha dicho que hagamos eso. Mientras lo hace, la
creación le predicará un sermón. ¡Le declarará la gloria de Dios!

4

Orden, gloria, juicio: Parte I

«Porque Dios, que mandó que de las tinieblas resplandeciese la luz, es el que resplandeció en nuestros corazones, para iluminación del conocimiento de la gloria de Dios en la faz de Jesucristo».

—2 Corintios 4:6

En los siguientes capítulos estableceremos un importante modelo que tiene lugar a través de las Escrituras. Esto vendrá a ser el marco histórico que sostiene los temas que tienen relación actualmente.

El patrón de Dios

Era la primera noche de cuatro reuniones programadas en Saskachetwan, Canadá. El pastor estaba presentándome, y yo me encontraría en la plataforma en unos tres minutos.

Repentinamente, el Espíritu de Dios comenzó a llevarme rápidamente por toda la Biblia, revelándome un modelo que se daba a través del Antiguo y del Nuevo Testamento. Es el siguiente:

1. *El orden divino.*
2. *La gloria de Dios.*
3. *El juicio.*

Antes de que Dios manifieste su gloria, debe haber un orden divino. Una vez que su gloria es revelada, sobreviene una gran bendición. Pero también, una vez que su gloria es revelada, cualquier irreverencia, desorden o desobediencia enfrenta el juicio inmediato.

Dios había abierto mis ojos a este patrón en menos de dos minutos, y me dio a conocer que tenía que predicarlo a esta congregación de canadienses hambrientos que tendría delante mío. Esa noche fue uno de los servicios más poderosos de los que he participado, y quiero compartir esta verdad con usted.

Desde el principio

Para poner un fundamento, vayamos al principio, cuando Dios creó los cielos y la tierra:

> *«Y la tierra estaba desordenada y vacía, y las tinieblas estaban sobre la faz del abismo, y el espíritu de Dios se movía sobre la faz de las aguas».*
>
> —Génesis 1:2

Las palabras hebreas para «estaba desordenada» son una combinación de dos palabras: *hayah* y *tohuw*. Juntas, estas dos palabras nos dan una descripción más acabada: «la tierra era sin forma y caótica». No había orden sino *desorden*.

Aunque el Espíritu de Dios sobrevolaba o «empollaba» sobre este caos, no podía moverse hasta que la palabra de Dios fuera expresada. Con la expresión de las palabras divinas, el orden divino fue puesto en operación sobre este planeta. Dios preparó la tierra durante seis días antes de liberar su gloria sobre ella. Tomó especial cuidado con el jardín que Él mismo plantó. Entonces, Dios creó su hombre: el centro de la Creación.

Una vez que el jardín fue preparado, Dios «formó al hombre del polvo de la tierra». La ciencia ha encontrado que cada elemento químico del cuerpo humano se encuentra en la corteza terrestre. Dios diseñó tanto una maravilla de ingeniería como científica.

El orden divino trae la gloria de Dios

Dios invirtió seis días para traer orden divino sobre la tierra; luego trajo orden en el cuerpo humano. Una vez que el orden divino fue establecido, Dios «sopló en su nariz aliento de vida, y fue el hombre un ser viviente» (Génesis 2:7). Literalmente, Dios sopló de su Espíritu dentro de ese cuerpo humano.

El hombre fue creado a la imagen y semejanza de Dios, y luego la mujer fue sacada del costado del hombre. No tenían ropa ni otra cosa con qué cubrirse. «Y estaban ambos desnudos, Adán y su mujer, y no se avergonzaban» (Génesis 2:25). A todas las otras criaturas les había dado cobertura física. Los animales tenían pelaje, los pájaros plumas, los peces escamas o caparazones. Pero el hombre no necesitaba una cobertura externa, por eso el salmista nos dice que Dios lo *coronó* «de gloria y de honra» (Salmo 8:5). La palabra hebrea para «coronar» es *atar*. Eso significa *envolverlo*. En esencia, el hombre y la mujer estaban vestidos con la gloria de Dios, por lo que no necesitaban ropa natural.

La bendición que esta primer pareja experimentó fue indescriptible. El jardín cedió su producción sin tener que trabajarlo. Los

animales estaban en armonía con el hombre. No había enfermedad, sufrimiento o pobreza. Pero lo mejor de todo, esta pareja
tenía el privilegio de caminar con Dios en su gloria.

El juicio

Primeramente, Dios trajo orden divino por medio de su palabra
y de su Espíritu. Luego, su gloria fue revelada. Abundaba la bendición, pero entonces sobrevino La Caída. El Señor le mandó al
hombre que no comiera del fruto del árbol del conocimiento del
bien y del mal; desobedecerlo llevaría inmediatamente a la muerte
espiritual.

Burlándose de Dios, Satanás desafió la palabra divina con su
retorcida contradicción:

> *«… no morirás; sino que sabe Dios que el día que comáis*
> *de él, serán abiertos vuestros ojos, y seréis como Dios,*
> *sabiendo el bien y el mal»*
>
> Génesis 3:4, 5

Entonces Adán, en completo conocimiento de sus acciones,
eligió desobedecer a Dios. Su irreverencia no fue más que una
gran traición. Al suceder esto, sobrevino el juicio.

Al instante, Adán y Eva se dieron cuenta que estaban desnudos. La gloria se había ido, dejándolos descubiertos y separados
de Dios, en un estado de muerte espiritual. En un fútil intento de
cubrir su desnudez, ellos prepararon rápidamente unas pocas hojas
de higuera y se vistieron, con el trabajo de sus manos. Dio vio lo
que habían hecho, pronunció juicio sobre ellos y los vistió con
túnicas de piel, como la de un cordero, anunciando así al Cordero
de Dios que vendría a restaurar la relación del hombre con Dios.
Luego, la pareja caída fue sacada del jardín, donde se encontraba

la vida eterna. El juicio fue severo; fue el resultado de la irreverente desobediencia de Adán en la presencia de la gloria de Dios.

El tabernáculo de su gloria

Varios cientos de años pasaron, y Dios finalmente encontró un amigo en Abram. Dios hizo un pacto de promesa con él y cambió su nombre a *Abraham*. A través de la obediencia de este hombre, las promesas de Dios estaban aseguradas para las generaciones siguientes. Los descendientes de Abraham terminaron en Egipto como esclavos, por más de 400 años. En su infortunio, Dios levantó un profeta y libertador llamado Moisés.

Una vez que los descendientes de Abraham fueron liberados de la esclavitud, Dios los llevó al desierto. Fue allí, en el monte Sinaí, donde Dios esbozó su plan para morar con su pueblo. Él le dijo a Moisés: «Y conocerán que yo soy Jehová su Dios, que los saqué de la tierra de Egipto, para habitar en medio de ellos» (Éxodo 29:46).

Una vez más, Dios pudo caminar con el hombre, puesto que este había sido siempre su deseo. Por el estado caído del hombre, Dios no podía habitar en él. Entonces instruye a Moisés: «Y harán un santuario para mí, y habitaré en medio de ellos» (Éxodo 25:8). Este santuario fue llamado «el tabernáculo».

Antes de que la gloria de Dios viniera, primero debía haber orden. Por lo tanto, Dios instruyó cuidadosamente a Moisés sobre cómo construir el tabernáculo. Fue muy específico en todos los puntos sobre quién lo construiría y quién serviría en él. Estas instrucciones son detalladas en cuanto a sus materiales, medidas, mobiliario y ofrendas. De hecho, las instrucciones específicas ocupan varios capítulos del libro de Éxodo.

Este santuario hecho por el hombre es reflejo del celestial (Hebreos 9:23, 24). Dios advirtió a Moisés: «Mira, haz todas las cosas conforme al modelo que se te ha mostrado en el monte»

(Hebreos 8:5; también ver Éxodo 25:40). Era de extrema importancia que todo fuera hecho exactamente como había sido mostrado. Esto proveería el orden divino necesario, antes de que la gloria de Dios pudiera ser manifestada en presencia de ellos.

Una ofrenda de la congregación suplió todos los materiales necesarios: oro, plata y cobre, azul, púrpura, carmesí, lino fino, pelo de cabras, pieles, madera de acacia, aceite, especias y piedras preciosas.

El Señor le había dicho a Moisés: «Mira, yo he llamado por nombre a Bezaleel... de la tribu de Judá; y lo he llenado del Espíritu de Dios, en sabiduría y en inteligencia, en ciencia y en todo arte... y he aquí que yo he puesto con él a Aholiab hijo de Ahisamac, de la tribu de Dan; y he puesto sabiduría en el ánimo de todo sabio de corazón, para que hagan todo lo que te he mandado» (Éxodo 31:2–6). El Espíritu de Dios estuvo en esos hombres para traer orden divino. Él trabajó a través de los hombres, uniendo la armonía con la Palabra de Dios, lo que traería una vez más el orden divino.

Fue así como esos habilidosos hombres trabajaron en el tabernáculo. Hicieron los cortinados, columnas y biombos. Forjaron el arca del testimonio, la mesa de los panes, la lámpara de oro, el altar del incienso, el altar de las ofrendas, la pila de bronce. Hicieron las túnicas sacerdotales y la vasija de aceite para los ungimientos.

«En conformidad a todas las cosas que Jehová había mandado a Moisés, así hicieron los hijos de Israel toda la obra. Y vio Moisés toda la obra, y he aquí que la habían hecho como Jehová había mandado; y los bendijo. Luego Jehová habló a Moisés, diciendo: En el primer día del mes primero harás levantar el tabernáculo, el tabernáculo de reunión; y pondrás en él el arca del testimonio, y la cubrirás con el velo».

—Éxodo 39:42–40:2

Las instrucciones de Dios fueron tan específicas que el tabernáculo fue instalado en ese preciso día.

El primer día del mes primero llegó. Moisés y los diestros artesanos levantaron el tabernáculo. Entonces leemos:

> *«Así acabó Moisés la obra».*
>
> —Éxodo 40:33

Todo estaba listo ahora. El orden divino fue establecido por la Palabra de Dios, y la gente se sometió al liderazgo del Espíritu de Dios. Entonces, note lo que sucedió:

> *«Entonces una nube cubrió el tabernáculo de reunión, y la gloria de Dios llenó el tabernáculo.*
>
> *Y no podía Moisés entrar en el tabernáculo de reunión, porque la nube estaba sobre él, y la gloria de Jehová lo llenaba».*
>
> —Éxodo 40:34, 35

Una vez que el orden divino fue logrado, Dios reveló su gloria. La mayoría de nosotros en la iglesia carece de entendimiento sobre la gloria del Señor. He estado en muchas reuniones en que los ministros han declarado, ya sea por ignorancia o por exageración: «La gloria del Señor está aquí». Antes de seguir, hablemos de qué es la gloria del Señor.

La gloria del Señor

Primero de todo, no se trata de una nube. Algunos pueden preguntar: «Entonces, ¿por qué una nube es mencionada casi en toda vez que la gloria del Señor es manifestada en las Escrituras?» La razón: Dios se esconde a sí mismo en la nube. Él es demasiado magnífico para que la humanidad pueda soportarlo. Si la nube

no ocultara su rostro, todo a su alrededor sería consumido e, inmediatamente, moriría.

> *«Él entonces [Moisés] dijo: te ruego que me muestres tu*
> *gloria … Dijo más [Dios]: no podrás ver mi rostro; por-*
> *que no me verá hombre, y vivirá».*
>
> —Éxodo 33:18, 20

La carne mortal no puede permanecer ante la presencia del
Santo Señor, en su gloria. Pablo dijo:

> *«… el bienaventurado y solo Soberano, Rey de reyes, y*
> *Señor de señores, el único que tiene inmortalidad, que*
> *habita en luz inaccesible; a quien ninguno de los hom-*
> *bres ha visto ni puede ver, al cual sea la honra y el impe-*
> *rio sempiterno. Amén».*
>
> —1 Timoteo 6:15, 16

Hebreos 12:29 nos dice que Dios es fuego consumidor. Ahora,
cuando usted piensa en esto no piense en una simple hoguera. El
fuego consumidor no puede ser contenido en los límites de su chimenea. «… Dio es luz, y no hay ninguna tinieblas en Él» (1 Juan 1:5).
La clase de fuego que arde en su chimenea no produce luz perfecta.
Contiene oscuridad. Permite que uno se acerque a él y lo mire.

Entonces, pasemos a una luz más intensa. Considere el rayo
láser. Es una luz muy concentrada e intensa, aunque no del todo.
Tan brillante y poderosa como es, el láser aun contiene algo de
oscuridad.

Veamos el sol. Es enorme e inacercable, brillante y poderoso,
pero aun contiene algo de tinieblas en el interior del fuego de su luz.

Pablo dice a Timoteo que la gloria de Dios es «una luz inacercable, la cual ningún hombre ha visto ni puede ver».

Pablo podía fácilmente escribir esto, puesto que había experimentado una porción de esta luz, en su camino a la ciudad de Damasco. Él lo relató de esta forma ante el rey Agripa:

«... cuando a mediodía, oh rey, yendo por el camino, vi una luz del cielo que sobrepasaba el resplandor del sol, la cual me rodeó a mí y a los que iban conmigo».

—Hechos 26:13

¡Pablo dijo que esta luz era más brillante que el sol del mediodía! Tome un momento y trate de mirar en forma directa al sol, a las doce del mediodía. Es muy dificultoso hacerlo, a menos de que esté velado con una nube. Dios, en su gloria, excede esta brillantez en muchas veces.

Pablo no vio el rostro del Señor, sino sólo la luz emanando de Él, por eso debió preguntar: «¿Quién eres, Señor?» No pudo ver la forma o los rasgos de su cara. Estaba demasiado ciego por la luz que emanaba de la gloria del Señor, sobrepasando aun hasta la brillantez del sol de Oriente Medio.

Tal vez esto explica por qué ambos profetas, Joel e Isaías, declaran que en el Día Final, cuando la gloria de Dios sea revelada, el sol se convertirá en tinieblas. «He aquí el día de Jehová viene... las estrellas de los cielos y sus luceros no darán su luz; y el sol se oscurecerá al nacer, y la luna no dará su resplandor» (Isaías 13:9, 10).

La gloria del Señor cubrirá cualquier otra luz. Él es la luz perfecta y todoconsumidora. «Y se meterán en las cavernas de las peñas y en las aberturas de la tierra, por la presencia temible de Jehová, y por el resplandor de su majestad, cuando él se levante para castigar la tierra» (Isaías 2:19).

La gloria del Señor es tan poderosa que cuando Él vino ante los hijos de Israel, en la oscura nube en el Sinaí, la gente gritó de terror y retrocedió. Moisés lo describe así:

*«Estas palabras habló Jehová a toda vuestra congrega-
ción en el monte, de en medio del fuego, de la nube y de
la oscuridad, a gran voz*

*...y aconteció que cuando vosotros oísteis la voz de
en medio de las tinieblas, y visteis al monte que ardía en
fuego, vinisteis a mí, todos los príncipes de vuestras tribus,
y vuestros ancianos, y dijisteis:*

*He aquí Jehová nuestro Dios nos ha mostrado su gloria
y su grandeza, y hemos oído su voz de en medio del fuego;
hoy hemos visto que Jehová habla al hombre, y éste aun
vive.*

*Ahora, pues, ¿por qué vamos a morir? Porque este gran
fuego nos consumirá; si oyéremos otra vez la voz de Jehová nuestro Dios, moriremos».*

—Deuteronomio 5:22-25

Aunque ellos lo vieron oculto en la espesa oscuridad de la nube,
esta no pudo ocultar la brillantez de su gloria.

Todo lo que hace que Dios sea Dios

Ahora, entonces, hagamos la siguiente pregunta: *¿Qué es la gloria
del Señor?* En respuesta, retornemos al pedido mosaico en la montaña de Dios. Moisés pidió:

«Te ruego que me muestres tu gloria».

—Éxodo 33:18

La palabra hebrea usada por Moisés en esta instancia para decir
para «gloria» fue *kabowd*. Esto es definido por el Diccionario Bíblico Strong como «el peso de algo, pero sólo figurativamente en
el buen sentido». Esta definición también habla del esplendor, de
la abundancia y del honor. Moisés estaba pidiendo: «Muéstrame

a ti mismo en *todo* tu esplendor». Mire cuidadosamente la respuesta de Dios:

> *«Y le respondió: yo haré pasar todo mi bien delante de tu rostro, y proclamaré el nombre de Jehová delante de ti».*
> —Éxodo 33:18

Moisés reclamó la gloria de Dios, y Él se refirió a ella como «todo mi *bien*». La palabra hebrea para *bien* es *tuwb*. Eso significa «bueno, en el sentido más amplio». En otras palabras, nada queda sin revelar.

Luego, el Señor dice: «Y proclamaré el nombre de Jehová delante de ti». Antes que un rey terrenal ingrese en la habitación del trono, su nombre siempre es anunciado mediante una proclama. Entonces, él ingresa con todo su esplendor. Su grandeza es revelada y en su corte no hay duda de quién es el rey. Si este monarca estuviera por las calles de su país, vestido en sus ropas cotidianas, sin ningún miembro de la corte a su lado, podría pasar desapercibido, sin que nadie a su alrededor se diera cuenta de su identidad real. Entonces, en esencia, esto es exactamente lo que Dios hizo para Moisés. Él está diciendo: «Yo proclamaré mi propio nombre y pasaré frente a ti en todo mi esplendor». Por eso vemos que la gloria del Señor es todo lo que hace que Dios sea Dios. Todas sus características, autoridad, poder, sabiduría —literalmente, la inconmensurable grandeza y magnitud— están contenidas dentro de la gloria de Dios. ¡Allí no falta nada!

Su gloria es revelada en Cristo

Hemos dicho que la gloria del Señor es revelada en el rostro de Jesucristo (2 Corintios 4:6). Muchos han testificado haber tenido una visión de Jesús, y haber visto su rostro. Esto es muy posible. Pablo lo describe: «Ahora vemos por espejo, oscuramente; más entonces veremos cara a cara» (1 Corintios 13:12). Su gloria está velada por un oscuro espejo para que nadie pueda ver sobre Él su completa y descubierta gloria, y continuar viviendo.

Alguno puede cuestionar: «¡Pero los discípulos miraron a la cara de Jesús después de que Él resucitara de la muerte!» Eso también es correcto. La razón de que esto haya sido posible fue que Él no mostró abiertamente su gloria. Hubo algunos que vieron al Señor también en el Antiguo Testamento. No obstante, Él no se reveló en toda su gloria. El Señor se le apareció a Abraham en el encinar de Mamre (Génesis 18:1, 2). Josué miró al rostro del Señor antes de invadir Jericó (Josué 5:13, 14). El Señor le dijo: «Quita el calzado de tus pies, porque el lugar donde estás es santo» (versículo 15).

Lo mismo ocurrió después de la Resurrección. Los discípulos desayunaron pescado con Jesús junto al mar de Tiberias (Juan 21:9, 10). Dos discípulos caminaron con Jesús en el camino a Emaús: «mas los ojos de ellos estaban velados» (Lucas 24:16). Todos estos contemplaron su rostro porque Él no mostró abiertamente su gloria.

En contraste, el apóstol Juan vio al Señor en el Espíritu, y tuvo un encuentro totalmente diferente al de aquel desayuno con Él en el mar. Para que Juan lo viera en su gloria:

«Yo estaba en el Espíritu en el día del Señor, y oí detrás de mí una gran voz como de trompeta... y me volví para ver la voz que hablaba conmigo; y vuelto, vi siete candeleros de oro, y en medio de los siete candeleros, a uno semejante al Hijo del Hombre, vestido de una ropa que llegaba hasta los pies, y ceñido por el pecho con un cinto de oro. Su cabeza y sus cabellos eran blancos como blanca lana, como nieve; sus ojos como llama de fuego; y sus pies semejantes al bronce bruñido, refulgente como en un horno; y su voz como estruendo de muchas aguas. Tenía *en su diestra siete estrellas; de su boca salía una espada aguda de dos filos; y su rostro era como el sol cuando resplandece en su fuerza. Cuando le vi, caí como muerto en sus pies».*

—Apocalipsis 1:10, 12–17

Note eso, su rostro fue como el resplandor del sol en su fuerza. ¿Como, entonces, pudo Juan verlo? La razón: él estaba en el Espíritu, de la misma forma en que Isaías estaba en el Espíritu cuando vio al trono y los serafines al costado, y a Aquel que estaba sentado en él (Isaías 6:1–4). Moisés no pudo mirar el rostro de Dios, porque Moisés estaba en su cuerpo natural y físico.

Él ha retenido su gloria para probarnos

La gloria del Señor es todo lo que hace a Dios. Esto supera por mucho nuestra habilidad para comprender y entender, porque hasta el poderoso serafín continuó exclamando: «Santo, santo, santo...» en pavoroso y sobrecogedor asombro.

Las cuatro criaturas vivientes delante de su trono clamaron: «Santo, santo, santo es el Señor Dios Todopoderoso, el que era, el que es, y el que ha de venir» (Apocalipsis 4:8).

«Y siempre que aquellos seres vivientes dan gloria y honra y acción de gracias al que está sentado en el trono, al que vive por los siglos de los siglos, los veinticuatro ancianos se postran delante del que está sentado en el trono, y adoran al que vive por los siglos de los siglos, y echan sus coronas delante del trono, diciendo: Señor, digno eres de recibir la gloria y la honra y el poder; porque tú creaste todas las cosas, y por tu voluntad existen y fueron creadas».

—Apocalipsis 4:9–11

¡Él merece más gloria que cualquier ser viviente creado pueda darle a través de toda la eternidad!

Debemos recordar que servimos a Aquel que creó el universo y la tierra. Él es y será eterno. No hay otro como Él. En su sabiduría, retiene a propósito la revelación de su gloria para ver si le servimos con amor y reverencia, o si pondremos nuestra atención a lo que recibe la gloria en la tierra, lo cual empalidece en comparación a Él.

5

Orden, gloria, juicio: Parte II

«Y no podían los sacerdotes estar allí para ministrar, por causa de la nube; porque la gloria de Jehová había llenado la casa de Dios».

—2 Crónicas 5:14

Una vez que el tabernáculo fue levantado, el orden divino fue logrado. Tan pronto como cada cosa estuvo ubicada en su lugar:

«Entonces una nube cubrió el tabernáculo de reunión, y la gloria de Dios llenó el tabernáculo. Y no podía Moisés entrar en el tabernáculo de reunión, porque la nube estaba sobre él, y la gloria de Jehová lo llenaba».

—Éxodo 40:34, 35

Después de nuestro debate sobre la gloria de Dios, podemos comprender por qué el amigo de Dios, Moisés, no pudo entrar allí: ¡la gloria de Dios había llenado el tabernáculo!

La gloria de Dios manifestada y permanente en Israel trajo una tremenda bendición. En la presencia de Dios hubo provisión, guía, salud y protección. Ningún enemigo podía ponerse delante de Israel. La revelación de su Palabra fue abundante. Estuvo también el beneficio de tener la nube de su gloria para cubrir a los hijos de Israel del calor del desierto en el día, así como para proveer tibieza y luz para ellos durante la noche. No faltó nada de lo que ellos necesitaban.

Juicio

Previamente, Dios había instruido a Moisés: «Harás llegar delante de ti a Aarón tu hermano, y a sus hijos consigo, de entre los hijos de Israel, para que sean mis sacerdotes; a Aarón y a Nadab, Abiú, Eleazar e Itamar hijos de Aarón» (Éxodo 28:1).

Esos hombres fueron apartados y adiestrados para ministrar al Señor, y ponerse en la brecha por el pueblo. Sus responsabilidades y parámetros para la adoración fueron esbozados en cada instrucción específica dada por Dios a Moisés. Su capacitación fue parte del orden divino. A través de estas instrucciones y de este adiestramiento, esos hombres llegaron a ser consagrados. Con cada cosa en su lugar, su ministerio comenzó.

Lea cuidadosamente qué hicieron dos de esos sacerdotes después que la gloria de Dios llenó el tabernáculo:

> «*Nadab y Abiú, hijos de Aarón, tomaron cada uno su incensario, y pusieron en ellos fuego, sobre el cual pusieron incienso, y ofrecieron delante de Jehová fuego extraño, que él nunca les mandó*».
>
> —Levítico 10:1

Note que Nadab y Abiú ofrecieron un fuego *profano* delante de la presencia de Dios. Una de las acepciones de *profano*, según el Diccionario Anaya de la Lengua, es:

«*Irreverente con lo sagrado*».

Eso significa tratar como «común» a aquello que Dios llama «santo», o «sagrado». Estos dos hombres tomaron los incensarios que habían sido apartados para la adoración del Señor y pusieron en ellos fuego e incienso de su elección, no los prescritos por Dios. Se condujeron sin cuidado con aquello que Dios había llamado santo, y mostraron falta de reverencia. Vinieron irrespetuosamente a la presencia de Dios, portando una ofrenda inaceptable. Trataron a lo santo como si fuera común. Mire lo que sucedió como resultado:

«*Y salió fuego de delante de Jehová y los quemó, y murieron delante de Jehová*».

—Levítico 10:2

Esos dos hombres fueron instantáneamente juzgados por su irreverencia. Se encontraron con una muerte repentina. Su irreverencia ocurrió después de la manifestación de la gloria de Dios. Aunque ellos eran sacerdotes, no fueron exceptuados de rendir honor a Dios. ¡Pecaron por acercarse a Dios como si fuera algo común! ¡Se habían familiarizado demasiado con su presencia! Ahora, escuche las palabras de Moisés, siguiendo a este juicio de Dios:

«*Entonces dijo Moisés a Aarón: Esto es lo que habló Jehová, diciendo: En los que a mí se acercan me santificaré, y en presencia de todo el pueblo seré glorificado. Y Aarón calló*».

—Levítico 10:3

Dios ha sido claro acerca de que la irreverencia puede no sobrevivir delante de su presencia. Dios no puede ser burlado. Hoy no ocurre en forma diferente; Él continúa siendo el mismo santo Dios. No podemos ser admitidos en su presencia con una actitud irrespetuosa.

Nadab y Abiú fueron sobrinos de Moisés. Pero él sabía que era mejor no cuestionar el juicio divino; Dios era justo. En efecto, Moisés advirtió a Aarón y a los dos hijos sobrevivientes, que no se lamentaran ni llevaran luto, para no morir igual que los otros dos. Esto hubiera deshonrado al Señor, por lo tanto los cuerpos de Nadab y Abiú fueron sacados fuera del campamento y quemados.

Otra vez, vemos el patrón de Dios: orden divino, gloria de Dios revelada, luego juicio por la irreverencia.

Un nuevo santuario

Unos 500 años más tarde, Salomón, hijo del rey David, comenzó un templo para la presencia de Dios. Fue un emprendimiento grande. El almacenaje de los materiales, la mayoría de los cuales habían sido conseguidos bajo el reino de David, fue enorme.

Antes de su muerte, David instruyó a Salomón:

> *«He aquí, yo con grandes esfuerzos he preparado para la casa de Jehová cien mil talentos de oro, y un millón de talentos de plata, y bronce y hierro sin medida, porque es mucho. Asimismo he preparado madera y piedra, a lo cual tú añadirás. Tú tienes contigo muchos obreros, canteros, albañiles, carpinteros, y todo hombre experto en toda obra. Del oro, de la plata, del bronce y del hierro, no hay cuenta. Levántate y manos a la obra; y Jehová esté contigo».*

—1 Crónicas 22:14–16

Salomón agregó a los materiales ya provistos y comenzó el templo en el cuarto año de su reino. El diseño del templo fue magnífico, y su ornamentación y detalles fueron extraordinarios. Aun con una fuerza de trabajo de decenas de miles de hombres, la preparación de los materiales y la construcción tomó siete años completos. Luego, leemos:

> *«Acabada toda la obra que hizo Salomón para la casa de Jehová, metió Salomón las cosas que David su padre había dedicado; y puso la plata, y el oro, y todos los utensilios, en el tesoro de la casa de Dios».*
>
> —2 Crónicas 5:1

Entonces Salomón reunió a Israel en Jerusalén, donde el templo fue levantado. «Y los sacerdotes metieron el arca del pacto de Jehová en su lugar» (2 Crónicas 5:7). Los sacerdotes se santificaron a ellos mismos. No habría irreverencia ante la presencia de Dios. Ellos recordaron el destino que habían sufrido sus parientes Nadab y Abiú.

Entonces los levitas cantores y músicos se pararon al este del altar, vestidos de lino blanco, y con ellos estaban 120 sacerdotes, acompañando con trompetas.

Otra vez tenemos un gran cuidado, un tiempo, y un enorme cantidad de trabajo y preparación trayendo orden divino. Y ¿qué viene después del orden divino? Leamos:

> *«... entonces la casa se llenó de una nube, la casa de Jehová.*
>
> *Y no podían los sacerdotes estar allí para ministrar, por causa de la nube; porque la gloria de Jehová había llenado la casa».*
>
> —2 Crónicas 5:13, 14

Cuando el orden divino fue establecido, la gloria de Dios fue revelada. Nuevamente fue tan abrumador que los sacerdotes no pudieron ministrar, puesto que la gloria de Dios había llenado el templo.

Juicio

A continuación de la revelación de la gloria de Dios, vemos otra vez una irreverencia delante de su presencia y Palabra. Aunque los israelitas sabían lo que Él haría, sus corazones crecieron sin cuidado ante lo que Dios llamaba santo y sagrado.

> *«También todos los principales sacerdotes, y el pueblo, aumentaron la iniquidad, siguiendo todas las abominaciones de las naciones, y contaminando la casa de Jehová, la cual él había santificado en Jerusalén.*
>
> *Y Jehová el Dios de sus padres envió constantemente palabra a ellos por medio de sus mensajeros, porque él tenía misericordia de su pueblo y de su habitación. Mas ellos hacían escarnio de los mensajeros de Dios, y menospreciaban sus palabras, burlándose de sus profetas, hasta que subió la ira de Jehová contra su pueblo, y no hubo ya remedio».*
>
> —2 Crónicas 36:14–16

Ellos ridiculizaron a los mensajeros y menospreciaron sus palabras de advertencia. La gente se burló de los profetas de Dios. He visto la misma evidencia de falta de temor en el día de hoy.

Hace poco me tocó ministrar en una gran iglesia, predicando un fuerte sermón sobre la obediencia y el señorío de Jesús. La esposa de uno de los miembros del equipo pastoral había salido del salón con su bebé y estaba en el atrio de entrada, donde el servicio estaba siendo pasado por un circuito cerrado de televisión. Estando allí, escuchó a dos mujeres opinando sobre el sermón: «¿Quién se piensa que es, este pastor? ¡Apaguemos eso!», dijeron, burlándose. *¿Dónde está el temor del Señor?*

Israel y Judá sufrieron juicios repetidos por sus faltas de reverencia y respeto a la sagrada presencia de Dios y a su Palabra. Ese juicio llegó a su punto climático cuando los descendientes de Abraham fueron llevados cautivos a Babilonia. Lea este relato:

> *«Mas ellos hacían escarnio de los mensajeros de Dios, y menospreciaban sus palabras, burlándose de sus profetas, hasta que subió la ira de Jehová contra su pueblo, y no hubo ya remedio.*
>
> *«Por lo cual atrajo contra ellos al rey de los caldeos, que mató a espada a sus jóvenes en la casa de su santuario, sin perdonar joven ni doncella, anciano ni decrépito; todos los entregó en sus manos. Asimismo todos los utensilios de la casa de Dios, grandes y chicos, los tesoros de la casa de Jehová, y los tesoros de la casa del rey y de sus príncipes, todo lo llevó a Babilonia.*
>
> *«Y quemaron la casa de Dios, y rompieron el muro de Jerusalén, y consumieron a fuego todos sus palacios, y destruyeron todos sus objetos deseables».*
> —2 Crónicas 36:16–19

Quiero que piense cuidadosamente acerca de lo que voy a decir. Hemos recordado tres relatos: el jardín, el tabernáculo y el templo. En cada caso el juicio fue severo. Cada uno resultó en muerte y destrucción.

Lo que es más estremecedor es el hecho de que no estamos hablando de gente que nunca hubiera experimentado la gloria de Dios o su presencia. Estos juicios fueron contra aquellos que no solo habían escuchado su Palabra, ¡sino que habían caminado en su presencia y experimentado su gloria!

Ahora que hemos puesto un fundamento del Antiguo Testamento, sigamos adelante a los días del nuevo Testamento. Nuevamente descubriremos algunas serias verdades, así como excitantes revelaciones.

6

Un nuevo santuario

*«… porque vosotros sois el templo del Dios viviente, como
Dios dijo: Habitaré y andaré entre ellos…»*
                                        —2 Corintios 6:16

Bajo el Antiguo Pacto, la gloriosa presencia de Dios habitó primero en el tabernáculo; luego, dentro del templo de Salomón. Ahora Dios se prepara para ir a un lugar donde Él siempre deseó estar: un templo no hecho de piedra sino fundado en los corazones de sus hijos e hijas.

Ayudando a la gente a estar lista

Nuevamente, debe haber primero un orden divino. Esta vez el énfasis no estará en un orden externo sino en uno interno. Allí, en el lugar secreto del corazón es donde próximamente será revelada la gloria de Dios.

Este proceso de orden y transformación comenzó con el ministerio de Juan el Bautista. Habría sido un error ver a Juan como un profeta del Antiguo Testamento. Por eso la Biblia describe su ministerio como «Principio del evangelio de Jesucristo» (Marcos 1:1). Su predicación se encuentra al comienzo de cada uno de los cuatro evangelios. Jesús enfatiza esto, al declarar: «La ley y los profetas eran hasta Juan...» (Lucas 16:16). Note que no dice: «la ley y los profetas eran hasta mí».

El nacimiento de Juan fue anunciado a su padre por un ángel. La legitimidad de su ministerio fue resumida por estas palabras: «Y hará que muchos de los hijos de Israel se conviertan al Señor Dios de ellos... para preparar al Señor un pueblo bien dispuesto» (Lucas 1:16, 17).

Note que iba a «preparar al Señor un pueblo dispuesto». Tal como Dios había ungido a los artesanos y constructores en los días de Moisés para construir el tabernáculo, así ungió a Juan para preparar el templo no hecho con manos. Por el Espíritu de Dios, él comenzó el proceso de preparación para el nuevo templo.

Isaías profetiza de Juan:

> «*Voz que clama en el desierto: Preparad camino a Jehová... todo valle sea alzado, y bájese todo monte y collado; y lo torcido se enderece y lo áspero se allane. Y se manifestará la gloria de Jehová*».
>
> —Isaías 40:3-5

Esas montañas y collados no eran fortalezas de elementos naturales, sino más bien el orgullo del hombre que se opone a los caminos de Dios. El altanero orgullo humano debía ser bajado. La irreverencia y la necedad tenían que ser confrontadas y niveladas en preparación para la revelación de la gloria de Dios.

La palabra hebrea para «torcido» en el versículo anterior es *aqob*. El Diccionario Bíblico Strong lo define como: «fraudulento, engañoso, contaminado, o torcido». Es fácil ver que torcido no está en referencia a la pérdida de rectitud física. Una traducción más apropiada para esta palabra sería «engañoso».

Juan no fue enviado a aquellos que no conocían el nombre del Señor. Lo fue a quienes ya estaban en pacto con Jehová. Israel se había vuelto religioso, creyendo que todo estaba bien. En verdad, Dios vio a los israelitas como ovejas perdidas. Los miles que fielmente asistían a las sinagogas permanecían sin tomar consciencia de la verdadera condición de sus corazones. Fueron engañados y pensaban que su adoración y servicio eran aceptados por Dios. Juan expuso a la luz este engaño y tales decepciones. Sacudió el inestable fundamento sobre el cual habían asumido su justificación como descendencia abrahámica. Él trajo a la luz el error en la doctrina de sus ancianos, y mostró que las oraciones estereotipadas carecían de pasión y poder. Mostró la futilidad de pagar los diezmos, mientras despreciaban y hasta robaban al pobre. Él señaló lo vano de sus hábitos religiosos muertos y reveló claramente que la dureza de sus corazones estaba muy lejos de Dios.

Juan llegó predicando un bautismo de arrepentimiento (Marcos 1:4). La palabra griega para «bautismo» es *baptizma*, y es definida como «inmersión». De acuerdo al Diccionario Anaya de la Lengua, *inmersión* significa: «Acción de sumergir». Entonces, el mensaje de Juan no era un mensaje parcial sino radical; un completo cambio de corazón.

Las confrontaciones más fuertes de Juan destrozaron la falsa seguridad que los israelitas habían fundamentado en sus engaños fuertemente enraizados. Su mensaje fue un llamado a los hombres a volver sus corazones a Dios. Su asignación divina fue nivelar el terreno de los corazones que lo recibieron. Los collados del orgullo y las altivas colinas de la religión fueron aplastadas, preparando a la gente para recibir el ministerio de Jesús.

El Constructor Principal

Una vez que el trabajo de Juan fue terminado, Jesús vino a preparar el templo sobre el nivel del terreno de la humildad, hasta que el proceso de contrucción fuera terminado. Jesús puso el fundamento y construyó: «Porque nadie puede poner otro fundamento que el que está puesto, el cual es Jesucristo» (1 Corintios 3:11).

Una vez más, las palabras de Dios trajeron orden divino, ¡pero esta vez sus palabras fueron reveladas como la Palabra de Dios hecha carne! Jesús es el Constructor Principal (Hebreos 3:1–4), no sólo por sus enseñanzas sino también por la vida que vivió. En cada situación Él señaló a la humanidad el camino aceptable del Señor.

Aquellos que recibieron el ministerio de Juan estuvieron listos para recibir el trabajo del Constructor Principal. Al contrario, aquellos que rechazaron a Juan no estuvieron preparados para recibir las palabras de Jesús, ya que el terreno de sus corazones estaba disparejo e inestable. Ningún fundamento había sido puesto. Ellos eran como sitios de construcción sin preparar, incapaces de soportar un santuario.

Jesús contestó al orgullo religioso que se le resistía: «Porque vino a vosotros Juan en camino de justicia, y no le creísteis; pero los publicanos y las rameras le creyeron; y vosotros, viendo esto, no os arrepentisteis después para creerle» (Mateo 21:32). Eran los pecadores de aquellos días quienes recibieron el mensaje de Juan y abrieron sus corazones a Jesús. «Se acercaban a Jesús todos los publicanos y pecadores para oírle» (Lucas 15:1). Ellos no habían sido consolados por su religión, y sabían que necesitaban un Salvador.

El paso final de preparación

Cuando Jesús terminó todo lo que su Padre le había mandado a hacer en su ministerio terrenal, fue enviado a la cruz como el cordero sacrificial por Caifás, el sumo sacerdote. Fue el último y más crucial paso en la preparación del templo en el corazón del hombre. El sacrificio de Jesús eliminó la naturaleza pecaminosa que separaba al hombre de la presencia de Dios desde la caída de Adán.

Vimos la ofrenda del cordero sacrificial anunciada en el levantamiento del tabernáculo y en la dedicación del templo. Cuando el tabernáculo fue levantado, Aarón, como sumo sacerdote, hizo ofrendas al Señor. Una de ellas era un cordero sin mancha. Una vez que esto fue hecho, «entraron Moisés y Aarón en el tabernáculo de reunión, y salieron y bendijeron al pueblo; y la gloria de Jehová se apareció a todo el pueblo» (Levítico 9:23). Fue poco después de eso que Nadab y Abiú fueron juzgados y quemados mortalmente.

El sacrificio del Cordero de Dios es anunciado en la dedicación del templo de Salomón:

> «*Entonces el rey y todo el pueblo sacrificaron víctimas delante de Jehová. Y ofreció el rey Salomón en sacrificio veintidós mil bueyes, y ciento veinte mil ovejas; y así dedicaron la casa de Dios el rey y todo el pueblo*».
> —2 Crónicas 7:4, 5

Fue ese mismo día en que la gloria del Señor fue revelada en el templo.

El escritor de Hebreos compara el sacrificio de Cristo con aquello ofrecido en el tabernáculo y en el templo, diciendo:

> «*Y no por sangre de machos cabríos ni de becerros, sino por su propia sangre, entró una vez para siempre en el Lugar Santísimo, habiendo obtenido eterna redención*».
> —Hebreos 9:12

Jesús, el Cordero de Dios, colgando de la cruz, arrojó cada gota de su inocente y real sangre por nosotros. Una vez que esto fue realizado, el velo del templo fue rasgado en dos, de arriba a abajo (Lucas 23:45). ¡Dios salió! La gloria de Dios nunca más sería revelada en un edificio hecho con manos. Pronto su gloria sería revelada en el templo en el que siempre había querido habitar.

Uno en corazón y propósito

Leamos ahora lo que sucedió muy poco tiempo después de la resurrección de Jesús:

> *«Cuando llegó el día de Pentecostés, estaban todos unánimes juntos. Y de repente vino del cielo un estruendo como de un viento recio que soplaba, el cual llenó toda la casa donde estaban sentados; y se les aparecieron lenguas repartidas, como de fuego, asentándose sobre cada uno de ellos».*
>
> —Hechos 2:1-3

Otra vez, la gloria de Dios es manifestada. Note que «estaban todos unánimes juntos». Orden divino. ¿Cómo puede tener usted a 120 personas en común acuerdo? La respuesta es simple: todos habían muerto a sí mismos. No tenían agendas. Todo lo que importaba era que debían obedecer las palabras de Jesús.

Sabemos que Jesús ministró a cientos de miles en sus tres años y medio de ministerio. Multitudes lo siguieron. Después de su crucifixión y resurrección se apareció a más de 500 seguidores (1 Corintios 15:6). Sólo en el día de Pentecostés encontramos a 120 en la casa donde el Espíritu de Dios cayó (Hechos 1:15).

Es interesante notar que el número siguió bajando, en lugar de aumentar. ¿Dónde estaban los miles después de la crucifixión? ¿Por qué se le apareció sólo a 500? En el día de Pentecostés, ¿dónde estaban los 500? Fue sólo a 120 que la gloria de Dios les fue revelada.

Después de su resurrección, Jesús le dijo a la gente que no se fuera de Jerusalén sino que esperara la promesa del Padre (Hechos 1:4). Creo que todos, los 500, esperaron inicialmente la promesa. Pero a medida que los días pasaban, el tamaño del grupo disminuyó. Impacientes, algunos pueden haber concluido: «Tenemos que seguir viviendo nuestras vidas; Él se fue». Otro pueden haber ido a la sinagoga a adorar a Dios en la forma tradicional. Aun otros pueden haber hecho referencia a las palabras de Jesús: «Debemos ir a todo el mundo y predicar el evangelio. Mejor que nos vayamos ahora mismo y lo hagamos».

Creo que el Señor esperó hasta que aquellos que permanecieron tuvieron la resolución interior de decir: «Aunque nos pudramos, no nos moveremos, porque el Maestro dijo que esperáramos». Solo aquellos que estaban completamente rendidos al Maestro podrían cumplir tal mandamiento. Ninguna persona, actividad o cosa importaba tanto como la obediencia a sus palabras. Esos fueron aquellos que temblaron ante su palabra (Isaías 66:2). ¡Temieron a Dios!

Los que permanecieron habían escuchado atentamente cuando Jesús le habló a la multitud, diciendo:

> *«Y el que no lleva su cruz y viene en pos de mí, no puede ser mi discípulo. Porque ¿quién de vosotros queriendo edificar una torre, no se sienta primero y calcula los gastos, a ver si tiene lo que necesita para acabarla? No sea que después que haya puesto el cimiento, y no pueda acabarla, todos los que lo vean comiencen a hacer burla de él, diciendo: Este hombre comenzó a edificar y no pudo acabar... así, pues, cualquiera de vosotros que no renuncia a todo lo que posee, no puede ser mi discípulo».*
> —Lucas 14:27-30, 33

Jesús dejó claro que, para seguirlo a Él, primeramente debemos ver el costo. Hay un precio para seguir a Jesús y Él puso claramente esa cantidad. ¡El precio no es nada menos que nuestras vidas!

Usted puede cuestionar: «Pensé que la salvación era un regalo; algo que no había que comprar». Sí, la salvación es un regalo que no puede ser comprado o ganado. Sin embargo, usted no la puede retener si no da su vida entera a cambio. Aun un regalo debe ser protegido de no ser perdido o robado.

Jesús exhortó: «Mas el que persevere hasta el fin, éste será salvo» (Mateo 10:22). La fortaleza de perseverar se encuentra en el dar libremente su vida.

Un verdadero creyente, un discípulo pone su vida enteramente para su Maestro. Los discípulos son inmutables hasta el fin. Los convertidos y espectadores pueden desear los beneficios y bendiciones, pero les falta la valentía de permanecer hasta el final. Tarde o temprano, abandonarán. Jesús dio la Gran Comisión de «id, y haced discípulos a todas las naciones...» (Mateo 28:19). Él nos envió a hacer discípulos, no convertidos.

El remanente que quedó en el día de Pentecostés dejó de lado sus sueños, ambiciones, metas y agendas. Esto creó una atmósfera donde podían tener un mismo propósito y un mismo corazón.

Esta es la unidad que Dios desea traer en nosotros hoy. Ha habido varios movimientos para la unidad en nuestras ciudades entre algunos líderes e iglesias. Nosotros venimos juntos y buscamos unidad.

Pero debemos recordar que sólo Dios puede realmente hacernos uno. A menos que dejemos de lado todo lo demás, tarde o temprano las agendas escondidas saldrán a la superficie. Cuando hay motivos escondidos las relaciones se desarrollan en un nivel superficial. El producto es falto de profundidad e improductivo. Podemos tener la unidad de propósito, sin obediencia al corazón de nuestro Maestro. Entonces nuestra productividad es vana. Por eso, «Si Jehová no edificare la casa, en vano trabajan los que la edifican» (Salmo 127:1). Dios aún está buscando por aquellos que tiemblan ante su Palabra. Allí es donde se encuentra la verdadera unidad.

La gloria de Dios revelada

Todos los que estaban juntos en el día de Pentecostés tenían verdadera unidad. Eran *uno* en propósito con su Maestro. Sus corazones estaban en orden. La preparación para el ministerio de

Juan se había acoplado al ministerio de Jesús, resultando en orden divino. Este orden había sido alcanzado en los corazones de los hombres. En línea con el patrón de Dios, después de que ese orden divino fue alcanzado, la gloria de Dios fue revelada. Lea nuevamente qué sucedió ese día:

> *«Y de repente vino del cielo un estruendo como de un viento recio que soplaba, el cual llenó toda la casa donde estaban sentados; y se les aparecieron lenguas repartidas, como de fuego, asentándose sobre cada uno de ellos».*
>
> —Hechos 2:2, 3

Una porción de la gloria de Dios se manifestó en aquellos 120 hombres y mujeres. Tenga en cuenta que lenguas de fuego reposaron sobre cada uno de ellos. Olvide la imagen que usted ha tenido en los libros de la escuela dominical sobre este episodio. Todos ellos fueron bautizados o inmersos en el fuego de su gloriosa presencia (Mateo 3:11).

Por supuesto, esto no fue la completa y develada gloria de Dios, ya que ningún ser humano ha podido permanecer ante la completa gloria de Dios (1 Timoteo 6:16). No obstante, la manifestación fue lo suficientemente fuerte como para atraer la atención de multitudes de devotos, judíos temerosos de Dios, quienes residían en Jerusalén provenientes de todos los países bajo el cielo (Hechos 2:6, 7).

En respuesta a esto, Pedro se paró y predicó el evangelio a ellos. Ese día fueron salvas y sumadas a la Iglesia unas 3000 personas. No fue un servicio programado; no había habido ningún anuncio o promoción. Como resultado:

> *«Sobrevino temor a toda persona; y muchas maravillas y señales eran hechas por los apóstoles».*
>
> —Hechos 2:43

Dios había revelado parte de su gloria, y la gente estaba asombrada por su presencia y poder. Él continuó trabajando en una forma poderosa. Diariamente había testimonios de tremendos milagros y sanidades.

No se podía negar la obra de la poderosa mano de Dios. Hombres y mujeres vinieron al Reino en multitudes. Aquellos que previamente habían dado sus vidas a Jesús fueron refrescados por la presencia de su Espíritu.

Pero, como ya hemos visto, si Dios revela su gloria y la gente vuelve a perder el temor de Dios, ciertamente habrá juicio. De hecho, cuanto más grande es la gloria, más grande y rápido será el juicio. En el próximo capítulo examinaremos de cerca el trágico evento que sucedió poco después de la revelación de la gloria de Dios.

7

Una ofrenda irreverente

«Sino, como aquel que os llamó es santo, sed también vosotros santos en toda vuestra manera de vivir; porque escrito está: Sed santos, porque yo soy santo».

—1 Pedro 1:15, 16

El tiempo ha pasado desde Pentecostés. La Iglesia ha sido beneficiada con la presencia de Dios y su poder. Multitudes se han salvado, otros fueron sanados y liberados. Nada faltó a aquellos que compartieron lo que tenían. Quienes tenían posesiones las vendieron y trajeron el dinero a los apóstoles para compartirlo con quienes tenían necesidad.

La ofrenda de un extranjero

«Entonces José, a quien los apóstoles pusieron por sobrenombre Bernabé (que traducido es, Hijo de consolación), levita, natural de Chipre, como tenía una heredad,

la vendió y trajo el precio y lo puso a los pies de los
apóstoles».

—Hechos 4:36, 37

Chipre era una isla con abundantes recursos naturales, famosa por sus flores y frutas. El vino y el aceite eran producidos en abundancia. Había un negocio de una variedad de piedras preciosas. Pero la principal fuente de recursos estaba en la minería y la forestación. Había extensas minas de plata, cobre y hierro. Era un país inundado de riquezas naturales. Si usted poseyera tierras en Chipre, seguramente sería millonario.

Imagínese esto: un levita rico de otras tierras llamado Bernabé trae la cantidad total de lo que recibió de la venta de sus tierras, la cual, probablemente, sería una gran cantidad, y las puso a disposición de los apóstoles. Ahora, lea cuidadosamente el siguiente versículo:

«Pero cierto hombre llamado Ananías, con Safira su mujer,
vendió una heredad».

—Hechos 5:1

Notemos la primer palabra en esta oración: «pero». En la Biblia, ningún nuevo pensamiento es introducido con esa palabra. Recuerde que los traductores fueron los que separaron cada libro de la Biblia en capítulos y versículos. Originalmente, el libro de Hechos era sólo una gran carta escrita por un doctor llamado Lucas.

Por el uso de la palabra «pero» es obvio que lo ocurrido en el capítulo anterior, está ligado a lo registrado en el capítulo 5 sobre Ananías y Safira. De hecho, puedo afirmar consistentemente que no podrá entender completamente lo que está a punto de ocurrir, sin tener en cuenta lo que sucedió en el fin del capítulo anterior. Eso explicaría la razón para la palabra «pero» al comienzo de la oración.

Pensemos en esto juntos. Un advenedizo, quien es muy rico, se une a la iglesia y trae una gran ofrenda, producto de la venta de su terreno. La ofrenda de este hombre causa que Ananías y Safira reaccionen vendiendo algo que tenían. Examine los próximos versículos cuidadosamente:

> *«Y sustrajo del precio, sabiéndolo también su mujer; y trayendo sólo una parte, la puso a los pies de los apóstoles.*
>
> *Y dijo Pedro: Ananías, ¿por qué llenó Satanás tu corazón para que mintieses al Espíritu Santo, y sustrajeses del precio de la heredad? Reteniéndola, ¿no se te quedaba a ti? Y vendida, ¿no estaba en tu poder? ¿Por qué pusiste esto en tu corazón? No has mentido a los hombres, sino a Dios».*
>
> —Hechos 5:2-4

Hasta este momento, Ananías y su esposa tenían aparentemente la reputación en la iglesia de ser los mayores dadores. Ellos, probablemente, habían recibido mucha atención de la gente debido a su generosidad. Al ver su respuesta, estoy seguro que disfrutaban completamente esta posición de respeto y reconocimiento que recibían por el ministerio de dar.

Ahora ellos se habían venido a menos. La atención ahora estaba centrada en este nuevo hombre, el levita chipriota. Todos estaban alabando las virtudes de este generoso hombre. Las gentes conversaban entre ellos acerca de cómo este gran regalo podía ayudar a muchos que estaban en necesidad. Era el tema del día. El foco de atención había sido cambiado de Ananías y Safira, creándoles un vacío con el que no podían lidiar.

Ellos responden vendiendo inmediatamente una parcela de tierra. También es de valor, y ellos reciben una buena cantidad de dinero. Probablemente es su más estimada posesión. Juntos deben concluir: «Esto es mucha plata para repartir. No demos todo. Pero queremos aparecer como dando todo. Demos sólo una parte y digamos que es todo lo que hemos recibido».

Juntos estuvieron de acuerdo en sacar algo de la ganancia para ellos mismos. Pero todavía querían figurar como que habían dado la suma completa. Su pecado fue el engaño. No estaba mal guardarse algo de lo que venía de la venta. El dinero era de ellos para hacer tal como desearan. Pero estuvo mal decir que habían dado todo lo recibido, cuando en realidad eso era una mentira. Querían las alabanzas más que la verdad y la integridad. Su reputación era importante para ellos. Debían haberse convencido a sí mismos, diciendo: «¿En qué los puede dañar? Estamos dando para cubrir las necesidades de aquellos menos afortunados. Después de todo, ese es el fondo del asunto».

Si usted desea la alabanza humana, temerá al hombre. Si teme al hombre, le servirá; porque será siervo de aquello que teme. Ellos temieron más al hombre que ha Dios. Esto hizo que ellos argumentaran intelectualmente sobre sus acciones, y se presentaran en la presencia del Señor sin temor santo. Si hubieran temido a Dios, nunca habrían mentido en presencia de Él.

> «Al oír Ananías estas palabras, cayó y expiró. Y vino un gran temor sobre todos los que lo oyeron. Y levantándose los jóvenes, lo envolvieron y sacándolo, lo sepultaron».
>
> —Hechos 5:5, 6

¡Este hombre trae una ofrenda para los necesitados y es herido de muerte! El juicio ocurrió inmediatamente. Un gran temor sobrevino sobre todos los que escucharon acerca de esto.

> «Pasado un lapso como de tres horas, sucedió que entró su mujer, no sabiendo lo que había acontecido. Entonces Pedro le dijo: Dime, ¿vendiste en tanto la heredad? Y ella

dijo: Sí, en tanto. Y Pedro le dijo: ¿Por qué convinisteis en tentar al Espíritu del Señor? He aquí a la puerta los pies de los que han sepultado a tu marido, y te sacarán a ti. Al instante ella cayó a los pies de él, y expiró; y cuando entraron los jóvenes, la hallaron muerta; y la sacaron, y la sepultaron junto a su marido. «Y vino gran temor sobre toda la iglesia, y sobre todos los que oyeron estas cosas».

—Hechos 5:7-11

Es muy posible que Ananías y su esposa fueran de los primeros en recibir la salvación por gracia. Tal vez fueran los dadores más grandes en la Iglesia. Deben haber sacrificado su estatus social y su seguridad financiera en servicio a Dios. Pero los sacrificios son inútiles cuando no van acompañados por corazones que aman y temen a Dios.

Note el último versículo del pasaje: «Y vino gran temor sobre toda la iglesia». Eso recuerda la advertencia de Dios a Aarón cuando sus dos hijos habían muerto en la presencia de Dios, mientras presentaban sus ofrendas, sin reverencia.

«... en los que a mí se acercan me santificaré, y en presencia de todo el pueblo seré glorificado».

—Levítico 10:3

A través de los siglos Dios no ha cambiado. Su Palabra y nivel de santidad no ha variado. Su Palabra no se ha desvanecido desde que Él la entregara hace unos 2000 años. Dios fue, es y siempre será el Gran Rey, y debe ser reverenciado como tal. No podemos tratar livianamente aquello que Él llama santo.

La Biblia no dice que un gran temor vino sobre la *ciudad*, sino que el gran temor vino sobre *la Iglesia*. La Iglesia estaba gozando la presencia del Señor y de todos sus beneficios. Cuando las gentes fueron llenas con el Espíritu Santo actuaron como borrachos. Estoy seguro de que algunos se rieron con gozo y se maravillaban mientras todos hablaban en lenguas. ¿Por qué otra cosa podrían ellos haber estado ebrios a las 9:00 de la mañana? (Hechos 2:15).

Tal vez, con el paso del tiempo, la gente llegó a sentirse muy familiar con la presencia de Dios. Llegó a ser común para algunos de ellos. Tal vez recordaban lo cercano de la relación con Jesús, y decidieron que ahora su relación con el Espíritu Santo podía ser similar. Aunque Jesús es el Hijo de Dios, y la misma imagen de Dios hecha carne, no podemos olvidar que Él vino como hijo de hombre y mediador, porque el hombre *no podía* acercarse a la santidad de Dios.

Aunque son uno, hay una diferencia entre Dios el Padre, Dios el Hijo y Dios el Espíritu Santo. Aun Jesús mismo dijo que el hombre podía hablar en contra de Él y sería perdonado, pero no en contra del Espíritu Santo. Jesús les estaba dando a conocer, por adelantado, que el orden santo y divino estaría por ser restaurado. Antes de la venida del Hijo, la gente había estado temerosa o asustada de Dios, sin temerle. Ahora el hombre había sido restaurado a Dios, y el orden divino había sido reestablecido.

La Iglesia se despertó a la santidad de Dios cuando Ananías y Safira cayeron muertos a los pies de Pedro. «*Tal vez debemos repensar algunas cosas*», deben haber pensado algunos. Otros pueden haber reflexionado: «*Esto podría pasarme fácilmente a mí*». A otros se le sacudió su concepto de Dios: «*Supongo que no lo conocemos tan bien como pensábamos. No había pensado que Él podría juzgar tan rápida y severamente*». Pero todos exclamaron, en maravilla y asombro: «¡Él es santo y todoconocedor!» Gran temor vino sobre toda la Iglesia, mientras examinaban sus corazones, asombrados por este Dios de pavor y maravilla. Tan amoroso y santo a la vez. Ninguno permaneció sin ser afectado por este evento de los inicios.

Guíese a usted mismo en el temor de Dios

Pedro, quien caminó con Jesús y a la vez presenció el juicio, más tarde escribiría, por inspiración, su sentida admonición:

> *«Sino, como aquel que os llamó es santo, sed también vosotros santos en toda vuestra manera de vivir; porque escrito está: Sed santos, porque yo soy santo. Y si invocáis por Padre a aquel que sin acepción de personas juzga según la obra de cada uno, conducíos en temor todo el tiempo de vuestra peregrinación».*
>
> —1 Pedro 1:15-17

Fíjese que no dice «condúzcanse en amor». Sí, debemos caminar en amor, de otra manera no tendremos nada. Más allá de su amor, ni aun podríamos conocer el corazón del Padre. Antes, en esta misma epístola, Pedro comenta acerca del amor por el Señor que debe arder en nuestros corazones: «a quien amáis sin haberle visto» (1 Pedro 1:8). Somos llamados a tener una relación personal de amor con nuestro Padre, pero Pedro es presto en agregar el balance del temor de Dios. Nuestro amor a Dios es limitado por la falta de temor santo. Nuestros corazones están para portar tanto la luz como la calidez de ambas llamas.

Usted podría preguntarse de qué manera este amor puede ser limitado. Usted sólo puede amar a alguien en la medida en que lo conozca. Si su imagen de Dios es más baja de lo que Él es, no tendrá sino un conocimiento superficial de Aquel a quien ama. El verdadero amor se encuentra en la verdad de quién es realmente Dios. ¿Piensa que Él revela su corazón a aquellos que lo toman livianamente? ¿Le parece? De hecho, Dios ha escogido esconderse a Sí mismo (Isaías 45:15). El salmista habla de «la sombra del omnipotente» como el lugar secreto (Salmo 91:1).

Es aquí, en secreto, donde descubrimos su santidad y grandeza. Pero solo aquellos que le temen podrán encontrar este refugio secreto. Por eso se nos dice:

> «*La comunión íntima de Jehová es con los que le temen,*
> *y a ellos hará conocer su pacto*».
>
> —Salmo 25:14

Ahora usted puede entender mejor las palabras de Pedro. Pablo, quien no caminó con Jesús en la tierra, pero se encontró con Él en el camino a Damasco, fortificó este principio agregando la palabra «temblor». Dice a los creyentes: «… ocupáos en vuestra salvación con temor y temblor» (Filipenses 2:12). De hecho, esta frase es usada tres veces en el Nuevo Testamento para describir la relación apropiada entre un creyente y Cristo.

Pablo llegó a conocer a Jesús por la revelación del Espíritu. Esta es la misma forma en que nosotros lo llegamos a conocer. «De manera que nosotros de aquí en adelante a nadie conocemos según la carne; y aun si a Cristo conocimos según la carne, ya no lo conocemos así» (2 Corintios 5:16). Si buscamos acceder al conocimiento de Dios y caminar con Él, así como lo hacemos con un hombre natural y corruptible, finalmente tomaremos su presencia como algo garantizado, de la forma en que varios de la iglesia primitiva lo hicieron.

Estoy seguro de que Ananías y Safira eran parte de aquellos que estaban asombrados y entusiasmados en la iglesia temprana de Hechos. Todos habían sido asombrados por las abundantes señales y maravillas, y aun estas pueden llegar a ser tenidas por *comunes* cuando hay pérdida del temor de Dios en los corazones. El temor de Dios podría haber refrenado la necedad de esta infortunada pareja. (Vea Salmo 34:11–13). El temor podría haber revelado la santidad de Dios.

Debemos recordar estos dos atributos inmutables: «Dios es amor», y «Dios es un fuego consumidor» (1 Juan 4:8; Hebreos 12:29). Pablo se refiere al fuego experimentado por los creyentes cuando están delante del santo Dios, en el trono del juicio. Habrá una rendición de cuentas de nuestros hechos en el Cuerpo de Cristo, tanto buenos como malos (2 Corintios 5:10). Pablo, entonces, nos advierte: «Conociendo, pues, el temor del Señor, persuadimos a los hombres...» (2 Corintios 5:11).

A causa del amor de Dios, podemos tener confianza cuando nos acercamos a Él. La Biblia agrega que debemos servirle y acercarnos a Él de manera aceptable. ¿Cómo? Con reverencia y santo temor (Hebreos 12:28).

Quienes han nacido de nuevo conocen a Dios como *Abba Padre*. Pero esto no niega su posición como Juez de toda carne (Gálatas 4:6, 7; Hebreos 12:23). Dios lo deja claro: «El Señor juzgará a su pueblo» (Hebreos 10:30).

Considere a un rey terrenal, con hijos e hijas. En el palacio él es esposo y papá. Pero en el salón del trono debe ser reverenciado como tal, aun por su esposa y sus hijos. Sí, hay tiempos en que he sentido al Padre llamándome desde su cámara íntima, con los brazos extendidos, invitándome: «Ven, salta sobre mi regazo; y abracémonos y hablemos». Amo esos momentos. Son muy especiales. Pero hay tiempos en que estoy orando o participando en un servicio, en los que he temido y temblado ante su santa presencia.

Uno de esos servicios fue en agosto de 1995, al final de una semana de reuniones en Kuala Lumpur, Malasia. La atmósfera había sido difícil. Ese día sentí que, finalmente, habíamos experimentado que esa resistencia cedió. La presencia de Dios llenó el edificio y mucha gente rió a medida que su gozo fluía. Continuó por aproximadamente diez a quince minutos; luego hubo una pausa, seguida por otra ola de la presencia de Dios. Más fueron tocados. Nuevamente hubo un momento de calma, y luego otra ola de la presencia de Dios que llenó de un gozo que penetró el santuario, hasta que casi todos fueron refrescados y reían. Luego hubo otra pausa.

Fue entonces cuando escuché al Señor decir: «Estoy viniendo en una última oleada, pero esta vez será diferente». Me quedé en silencio y esperé. A los pocos minutos una manifestación de la presencia de Dios, muy diferente, entró al edificio. Era asombrosa y casi temeraria. La atmósfera se cargó. La misma gente que hasta hacía un momento había reído, comenzó a llorar, lamentarse y gritar. Inclusive algunos gritaban como si estuvieran en fuego. No obstante, no eran gritos de atormentados por actividad demoníaca.

Mientras me ubicaba en la plataforma, este pensamiento vino a mi mente: «*John, no hagas ningún movimiento equivocado, ni digas ni una sola palabra fuera de lugar… si lo haces, eres hombre muerto*». No estoy seguro de lo que habría pasado, pero este pensamiento expresa la intensidad que sentí. Sabía que la irreverencia no podía existir en su asombrosa presencia. Fui testigo de dos diferentes respuestas ese día: la gente tenía miedo y se alejaba de su presencia, o temían a Dios y se acercaban a su asombrosa presencia. Definitivamente, este no era uno de esos momentos cuando Dios murmuró: ¡»Ven, salta a mi regazo»!

Dejamos la reunión rodeados de pavor. Muchos se sentían completamente transformados por la presencia de Dios. Un hombre que había sido tocado poderosamente por esto me dijo después: «Me siento muy limpio adentro». Estuve de acuerdo, porque también yo me sentí purificado de esa manera. Más tarde encontré este pasaje:

> «*El temor de Jehová es limpio,
>   que permanece para siempre*»
>
> —Salmo 19:9

El temor del Señor permanece

¡El temor del Señor *permanece* para siempre! Si Lucifer lo hubiera tenido, nunca habría caído del Cielo como un rayo (Isaías 14:12–15; Lucas 10:18). Lucifer era el querubín ungido del monte santo de Dios, y había caminado en la presencia del Señor (Ezequiel 28:14–17). No obstante, fue el primero en exhibir la falta del temor de Dios.

Escúchenme, pueblo de Dios: ustedes pueden recibir la unción santa de aceite, tal como Nadab y Abiú. Pueden realizar señales y maravillas, echar fuera demonios, y sanar al enfermo en el poderoso Nombre, y aun así no tener temor de Dios. Sin él vuestro fin no será diferente al de Nadab y Abiú, o al de Ananías y Safira. Porque es este temor del Señor lo que permite que usted permanezca delante de la presencia del Señor por siempre.

Adán y Eva caminaron en la presencia del señor. Ellos amaron y se beneficiaron de sus bienes. Nunca habían sido reprendidos por ninguna autoridad. Vivían en un perfecto medio ambiente. Aun así desobedecieron y cayeron, sufriendo gran juicio. Nunca habrían caído si hubieran tenido el temor del Señor.

¡El temor del Señor permanece para siempre! Si Ananías y Safira hubiesen temido a Dios, no se habrían comportado tan neciamente, porque «con el temor de Jehová, los hombres se apartan del mal» (Proverbios 16:6).

Algunos pueden preguntar: «¿No es que mi amor por Dios me guarda del pecado?» Sí, pero, ¿cuán extenso es este amor si a usted le falta el temor de Él? Cuando visité a Jim Bakker en prisión, él compartió conmigo cómo el calor de la prisión había causado un completo cambio en el corazón suyo. Allí experimentó a Jesús como el Maestro por primera vez. Compartió cómo había perdido a su familia, ministerio, todo lo que había tenido, y entonces encontró a Jesús.

Recuerdo sus palabras claramente: «John, esta prisión no es el juicio de Dios sobre mi vida, sino su misericordia. Creo que de continuar por el camino en que iba, habría terminado en el Infierno».

Luego Jim Bakker compartió esta advertencia para todos nosotros: «John, siempre amé a Jesús; aun así, Él no era mi Señor, y hay millones de americanos iguales a mí». Jim amaba ahora la imagen de Jesús que le había sido revelada. Antes su amor había sido inmaduro por su falta de temor de Dios. Actualmente, Jim Bakker es un hombre que teme a Dios. Cuando le pregunté qué haría al salir de la prisión, rápidamente contestó: «¡Si regreso al camino en que anduve, seré juzgado!»

Nadie se atrevió a unírseles

Lo que les ocurrió a Ananías y Safira sacudió a la Iglesia. Trajo a la superficie los motivos del corazón, para ser escrutados. Aquellos que se vieron en la misma irreverencia de Ananías y Safira comprometieron sus corazones al arrepentimiento. Otros midieron el costo más seriamente antes de unirse con la asamblea de creyentes en Jerusalén. Algunos pueden haberse ido por temor al juicio de Dios.

El temor vino sobre la Iglesia, pero también atemonizó a todos los que escucharon sobre lo que le había ocurrido a este matrimonio. Estoy seguro de que estas fueron las noticias por algún tiempo en la ciudad. La gente preguntaba: «¿Escuchaste lo que les pasó a esos seguidores de Jesús? Un matrimonio llevó una ofrenda para los necesitados y cayó muerto». La Biblia registra:

> «De los demás, ninguno se atrevía a juntarse con ellos, mas el pueblo los alababa grandemente. Y los que creían en el Señor aumentaban más, gran número así de hombres como de mujeres».
>
> —Hechos 5:13, 14

Parecería haber una contradicción: ninguno se atrevía a juntárseles, pero en el versículo siguiente declara que los creyentes aumentaban. ¿Cómo podían aumentar los creyentes cuando nadie quería unírseles? ¿Qué es lo que realmente está diciendo aquí? Creo que nadie deseaba unirse a Jesús hasta que hubieran medido bien el costo. Ya nadie se les «unía» por razones egoístas. Venían al Señor por lo que Él era, no por lo que podía hacer.

Es fácil desarrollar una actitud de irreverencia cuando venimos al Señor por lo que puede hacer por nosotros o darnos. Es una relación basada en las bendiciones y los eventos. Cuando las cosas no marchan a nuestra forma —e inevitablemente esto sucederá— estamos molestos, y como niños malcriados nuestro respeto se esfuma. Cuando la irreverencia es juzgada, cada uno hace un recuento de sus vidas y los motivos erróneos son purificados a la luz del juicio. Es una atmósfera propicia para que los corazones con verdadero arrepentimiento sean llenados por el temor del Señor.

¿Por qué ellos?

¿Por qué murieron Ananías y Safira? Conozco gente que ha mentido a predicadores y no ha sido juzgada tan severamente. De hecho, ha habido actos en la historia de la Iglesia mucho más irreverentes que el de Ananías y Safira, y aun en la historia actual. Ya nadie cae muerto en los servicios. Todo el evento aparece como algo imposible de ocurrir actualmente.

La respuesta se encuentra escondida en el versículo que sigue después de este acontecimiento.

«... *tanto que sacaban los enfermos a las calles, y los ponían en camas y lechos, para que al pasar Pedro, a lo menos su sombra cayese sobre alguno de ellos*».

—Hechos 5:15

¡Note que acostaban a los enfermos *en las calles*! No «calle» sino «calles»; sólo esperando por que la sombra de Pedro pasara por el enfermo, para que pudiera ser sanado. Sé que lo que estoy a punto de decir está sujeto a ser cuestionado, pero creo que la interpretación no se limitaba a la sombra física de Pedro solamente. Una sombra no tiene poder para sanar a un enfermo. Creo que era la nube de Dios. La presencia de Dios era tan fuerte sobre Pedro, que una nube ensombrecía y ocultaba la propia sombra de Pedro. De la misma forma, cuando Moisés bajó del monte de Dios, la gloria de Dios estaba brillando en su rostro, siendo su propia imagen velada por esto. ¿Sería que Dios mismo hubiera velado a Pedro en una nube de sombra, a fin de ocultar su gloria? En Hechos 5:15 y 16 todo lo que Pedro tenía que hacer era pasar de tal forma que los enfermos entraran dentro del rango de su sombra, y las multitudes en las calles eran sanadas.

Sabemos que una presencia muy tangible de la gloria de Dios posaba sobre Pedro cuando Ananías y Safira le mintieron y cayeron muertos. En esencia, ellos cayeron muertos porque fueron irreverentes en la presencia de Dios, cuya gloria ya había sido revelada. Igual que con Adán, Nadab, Abiú y los hijos de Israel, una vez más vemos el patrón de orden, gloria y juicio.

En los próximos capítulos aplicaremos este patrón a la Iglesia de nuestros tiempos presentes. Mientras excavamos profundamente, veremos por qué el *amor de Dios* debe ser acoplado al *temor de Dios*.

8

Juicio demorado

«Porque es necesario que todos nosotros comparezcamos ante el tribunal de Cristo, para que cada uno reciba según lo que haya hecho mientras estaba en el cuerpo, sea bueno o sea malo».

—2 Corintios 5:10

Tal como lo escribí, estamos cerca de completar 2000 años transcurridos desde la resurrección de nuestro Señor Jesús. Estamos en el umbral de la semana, de los días finales, antes de su retorno. Jesús dijo que conoceríamos la temporada, pero no el día ni la hora. (Ver Mateo 24:32–36.)

Estamos viviendo en esa temporada.

La lluvia temprana y la tardía

Las escrituras proféticas predicen cómo Dios revelaría su gloria en una forma poderosa al comienzo de la edad de la Iglesia, y otra vez al final de esa edad, justo antes de la Segunda Venida. Santiago lo describió:

«Por tanto, hermanos, tened paciencia hasta la venida del Señor. Mirad cómo el labrador espera el precioso fruto de la tierra, aguardando con paciencia hasta que reciba la lluvia temprana y la tardía».

—Santiago 5:7

Fíjese que Santiago se refiere tanto a la lluvia temprana como a la tardía. En Israel, la lluvia temprana caía y humedecía la seca tierra para el comienzo de la temporada de siembra. La lluvia ablandaba el terreno para que este pudiera recibir el grano, el cual desarrollaría firmemente sus raíces. La lluvia tardía vendría justo antes de la cosecha y fue más apreciada, porque ayudaba a madurar y prosperar el fruto.

Santiago usó la lluvia física como una comparación para explicar la llegada de la gloria de Dios. La lluvia temprana cayó en el día de Pentecostés, tal como Pedro lo confirmó:

«Mas esto es lo dicho por el profeta Joel: Y en los postreros días, dice Dios, derramaré de mi espíritu sobre toda carne, y vuestros hijos y vuestras hijas profetizarán; vuestros jóvenes verán visiones, y vuestros ancianos soñarán sueños; y de cierto sobre mis siervos y sobre mis siervas en aquellos días derramaré de mi Espíritu, y profetizarán. Y daré prodigios arriba en el cielo, y señales abajo en la tierra, sangre y fuego y vapor de humo; el sol se convertirá en tinieblas, y la luna en sangre, antes que venga el día del Señor, grande y manifiesto».

—Hechos 2:16-20

Pedro usó el término «derramaré», cuando la terminología para la lluvia del cielo es «caer». Podría haber dicho «caer», o «bajar», pero él usó el término que hace referencia a la liberación del agua lluviosa. ¿Quién mejor que Pedro para explicar el derramamiento de la gloria de Dios en el día de Pentecostés? No obstante, la explicación no se limita a lo que él estaba experimentando, ya que, con el mismo aliento, describe el derramamiento de la gloria de Dios junto con la manifestación del grande y glorioso día del Señor. Ese día del Señor, grande y manifiesto, no fue referido al tiempo en que Pedro vivió sino a la Segunda Venida de Jesucristo.

El Espíritu de Dios testificó a través de Pedro lo que Él haría mucho tiempo después: ligó dos distintos períodos de tiempo en el mismo mensaje profético escritural. Sí, un gran derramamiento del Espíritu de Dios comenzó en el día de Pentecostés. Santiago lo llamó «la lluvia temprana». La gloria de Dios se manifestó y se propagó dondequiera que el Señor envió a sus discípulos con el evangelio. Ninguna porción del mundo permanece desafectada.

Sin embargo, este gran derramamiento no se expandió en un instante. Fue decreciendo gradualmente. Ha disminuido a medida que los hombres han perdido la pasión por su presencia y gloria. En lugar del amor y el temor que una vez ardió, ahora permanece el altar frío y sin vida de los deseos egoístas. Lejos de aquello, muchos han llegado a llenarse de actividades religiosas y doctrinas que una vez más enturbian el propósito por el cual Dios nos creó: para caminar con Él.

Tiempo de egoísmo, aun en el liderazgo

Este tiempo de altibajos de la presencia y gloria de Dios puede ser comparado al período comprendido entre los liderazgos de Moisés y el rey David. En los días de Moisés los hijos de Israel vagaron en el desierto por varios años, bajo la manifiesta gloria de Dios. Los irreverentes fueron juzgados y encontraron la muerte en el desierto.

Pero la joven generación temió al Señor y lo siguió con sus corazones. Ellos fueron a poseer la Tierra Prometida, bajo el liderazgo de Josué. No obstante, «…toda aquella generación también fue reunida a sus padres. Y se levantó después de ellos otra generación que no conocía a Jehová, ni la obra que él había hecho por Israel» (Jueces 2:10).

La desobediencia de esta nueva generación los llevó a la esclavitud y la fatiga. Periódicamente Dios levantaba a un hombre o mujer como juez para liderarlos. A través de esos líderes surgía un avivamiento y venía la restauración de su pueblo. Pero aun bajo esos fuertes líderes, la situación general de ellos continuaba decayendo. Israel respondió a sus jueces, no a Dios, por lo que se nos dice: «Mas acontecía que al morir el juez, ellos volvían atrás, y se corrompían más que sus padres...» (Jueces 2:19).

Con cada generación que pasaba, el corazón del pueblo escogido de Dios creció cada vez más en frialdad, hasta que llegaron a estar todo el tiempo en un nivel bajo. Tal fue la condición cuando Elí fue sacerdote y juez. Después de gobernar a Israel por cuarenta años, su corazón fue apagado las señales quedaron totalmente perdidas.

Bajo Elí estaban sus dos hijos, quienes actuaban como sacerdotes y líderes: Ofni y Finees. La corrupción de ellos excedió a la del padre. Esta familia de líderes fue tan ofensiva a Dios que Él declaró: «... la iniquidad de la casa de Elí no será expiada jamás, ni con sacrificios ni con ofrendas» (1 Samuel 3:14).

Tal liderazgo ofensivo fue la razón por la cual la nación permaneció con un nivel tan bajo todo el tiempo. En tiempos pasados, cuando la nación se extraviaba, los líderes guiarían para regresar a Dios, pero estos líderes empujaron al pueblo lejos de Dios con sus persistentes abusos de posición y la perversión del poder.

Los hijos de Elí se comprometieron en relaciones sexuales con las mujeres que se reunían en la puerta del tabernáculo. No solo fueron sexualmente inmorales sino que también utilizaron su posición de liderazgo para obligar a las mujeres que habían venido a buscar al Señor (1 Samuel 2:22). Abusaron del poder de la posición que Dios les había dado para servir a su pueblo, y en su lugar lo usaban para satisfacer sus propios deseos. Sus acciones molestaron grandemente al Señor. Elí sabía de la inmoralidad y avaricia de sus hijos, y aun así no los refrenó de continuar pecando, ni los sacó de la posición de liderazgo.

Su segunda violación fue en el área de las ofrendas. Nuevamente ellos usaron la autoridad dada por Dios para satisfacer su propia avaricia, engordándose a sí mismos con las ofrendas mediante manipulación y amenazas.

Juicio demorado

Compare el pecado de los hijos de Elí con los de los hijos de Aarón, Nadab y Abiú (los dos hombres que murieron cuando trajeron fuego profano ante el Señor). Es difícil evitar el preguntarse por qué los hijos de Elí no fueron juzgados con la muerte inmediatamente. Su pecado fue descarado, una falta total de respeto a Dios, a su pueblo y a sus ofrendas. ¿Por qué, entonces, ellos no fueron juzgados de igual forma con muerte en el mismo tabernáculo? Nuestra respuesta se encuentra en los versículos siguientes:

> «... *y la palabra de Jehová escaseaba en aquellos días; no había visión con frecuencia. Y aconteció un día, que estando Elí acostado en su aposento, cuando sus ojos comenzaban a oscurecerse de modo que no podía ver ... y antes que la lámpara de Dios fuese apagada...*»
>
> —1 Samuel 3:1-3

Note lo siguiente:

- La palabra de Dios escaseaba. Dios no estaba hablando como lo hacía en los tiempos de Moisés.\
- No había visión con frecuencia. La revelación —visión— es encontrada en la presencia de Dios (Mateo 16:17). Había un conocimiento limitado de sus caminos, debido a la pérdida de su presencia.

- Los ojos del liderazgo estaban tan oscurecidos que no podían ver. En Deuteronomio 34:7 encontramos que «era Moisés de edad de ciento veinte años cuando murió. Sus ojos nunca se oscurecieron, ni perdió su vigor». Moisés nunca perdió su visión, por eso caminó en medio de la gloria de Dios. Su cuerpo fue preservado en gran medida.
- La lámpara de Dios estaba por apagarse. Esto era debido a la falta de aceite. La gloria había sido removida tan lejos que su presencia era sólo un parpadeo de luz.

En el caso de los hijos de Aarón la gloria acababa de ser revelada, y era fuerte. Salió fuego del Señor y los consumió, y ellos murieron delante del Señor. La presencia y la gloria de Dios era muy poderosa. Pero los hijos de Elí estaban ocultos en la oscuridad del liderazgo casi ciego, y en las penumbras de la tenue lámpara. La lámpara de Dios estaba ya casi apagada. Sólo había un pequeño vestigio de la presencia de Dios que permanecía. Su gloria ya se había ido. El juicio instantáneo sólo viene en la presencia de su gloria. Por lo tanto, su juicio no fue inmediato sino retardado.

Mientras más gloria, más inmediato el juicio

Esta verdad debe ser establecida en nuestros corazones. Aunque lo hemos mencionado previamente, ahora es cada vez más evidente. Cuanto más grande sea la gloria revelada de Dios, más grande e inmediato será el juicio a la irreverencia. Cualquiera sea el tiempo en que el pecado entra en la gloria de Dios, hay una reacción inmediata. El pecado y cualquiera que lo practique será destruido. Cuanto más grande sea la intensidad de la luz, menor es la chance para la oscuridad.

Imagínese a un gran auditorio, sin ventanas ni luz. La oscuridad lo dominaría. Usted no sería capaz de ver su propia mano delante suyo. Entonces, usted enciende un fósforo. Habría luz, pero sería limitada. La gran mayoría de la oscuridad permanecería sin ser confrontada. Prenda una sola lámpara, de 60 wats. La luz aumentaría, pero todavía habría oscuridad, y las sombras llenarían la mayoría del gran salón. Luego imagine que fuera posible instalar una fuente de luz en ese auditorio, tan poderosa como el sol. Adivine: cada recoveco de oscuridad sería aniquilado, y la luz penetraría en cada grieta y hendidura que anteriormente permanecía en sombras.

Por tanto, eso ocurre cuando la presencia gloriosa de Dios es limitada o escasa. La oscuridad es total y nada la perturba. El juicio es demorado. Pero a medida que la luz de la gloria de Dios crece, hay un aumento en la ejecución del juicio. Pablo explica esto al escribir:

> *«Los pecados de algunos hombres se hacen patentes antes que ellos vengan a juicio, mas a otros se les descubren después».*
>
> —1 Timoteo 5:24

El irreverente pecado de Ananías y Safira fue expuesto a la intensa luz de la gloria de Dios, y por lo tanto recibió un juicio inmediato. Esto explica por qué muchos hoy en día, cuyos pecados exceden el de aquel matrimonio, han escapado del juicio inmediato, solamente para aguardar el castigo demorado. Estos no son diferentes a los hijos de Elí. Continúan pecando ciegamente, tranquilos, puesto que son ciegos al juicio que tendrán. *«Nada ha pasado»*, piensan, con un respiro de alivio. *«Debo estar exento del juicio de Dios. Él ve lo que hago».* Estos individuos se conforman a sí mismos con un falso sentir de gracia, confundiendo la demora del juicio de Dios por una negación del mismo.

Aquellos que vivimos en la última parte del siglo XX hemos sido testigos de cómo el pecado ha entrado rampante y libremente en la Iglesia, y no solamente entre los miembros sino también en el liderazgo. En mis últimos diez años de viajes raramente pasaran tres semanas sin escuchar que un pastor, anciano, ministro u otro líder eclesiástico esté involucrado en pecado sexual, comúnmente con una mujer de la misma congregación.

Mi corazón también se ha dolido por la manipulación y engaño que rodea al dar y tomar ofrendas. No solamente ha habido mentiras acerca de las ofrendas, tal como en el caso de Ananías y Safira, sino que muchas veces he escuchado de líderes de iglesias o administradores apropiándose o malversando los fondos de la Iglesia. He escuchado de dos asesores contables especializados en el control de ministerios, de dos lugares diferentes, abrir sus corazones a mi esposa y a mí, contando sobre la avaricia y engaño que han encontrado dentro de los ministerios. Uno de ellos dijo: «Si otro ministro viene a mi oficina tratando de encontrar una forma de conseguir más dinero y evadir los impuestos legales, voy a cerrar mi oficina».

Hemos visto ofrendas motivadas por la avaricia y el deseo, más que por el bien del pueblo. Pablo dijo: «No es que busque dádivas, sino que busco fruto que abunde en vuestra cuenta» (Filipenses 4:17). Completamente contrario a esto, he escuchado cómo los líderes han hecho la vista gorda ante formas que buscaban levantar las ofrendas más grandes del pueblo de Dios. He visto usar cartas manipuladoras escritas por empresas de consultoría, usando verdades torcidas para levantar finanzas. Algunas de esas consultorías hasta se jactan acerca de la forma en que han desarrollado toda una ciencia y pueden hasta predecir exactamente qué respuesta tendrán. Pedro advirtió del liderazgo que se levantaría en los últimos días, los que «por avaricia harán mercadería de vosotros con palabras fingidas. Sobre los tales ya de largo tiempo la condenación no se tarda, y su perdición no se duerme» (2 Pedro 2:3).

Si este comportamiento tomara lugar en una atmósfera como la descrita en el libro de los Hechos, el juicio hubiera sobrevenido rápida e implacablemente. El juicio actual es demorado, porque la lámpara de Dios está disminuida. El derramamiento tardío de la gloria de Dios aún no ha venido.

Salomón se lamentaba: «... he visto a gente mala llevada a la tumba. Partieron del Lugar Santo, y se dio al olvido en la ciudad que hubiesen obrado de aquel modo» (Eclesiastés 8:10, BJ). Él dice que esa gente corrupta frecuentaba el templo (la iglesia) y que hasta se llegó a pensar bien sobre ellos. Fue visto que se burlaron de Dios con sus acciones, pero pasaron sin aparente juicio. La razón: el juicio fue demorado.

Salomón continúa: «Por cuanto no se ejecuta luego sentencia sobre la mala obra, el corazón de los hijos de los hombres está en ellos dispuesto para hacer el mal. Aunque el pecador haga mal cien veces, y prolongue sus días, con todo yo también sé que les irá bien a los que a Dios temen, los que temen ante su presencia» (Eclesiastés 8:11, 12). ¿Por qué a ellos les irá bien?, porque el juicio demorado, no es un juicio *negado*.

Somos advertidos en los siguientes pasajes: «... he aquí, el juez está delante de la puerta» (Santiago 5:9).

«Porque es necesario que todos nosotros comparezcamos ante el tribunal de Cristo, para que cada uno reciba según lo que haya hecho mientras estaba en el cuerpo, sea bueno o sea malo» (2 Corintios 5:10).

«El Señor juzgará a su pueblo. ¡Horrenda cosa es caer en manos del Dios vivo!» (Hebreos 10:30, 31).

¡Esas exhortaciones fueron escritas a los creyentes, no a los pecadores en las calles!

Los hijos de Elí se sentían seguros en sus pecados. Tal vez sus títulos o posición en la iglesia los habían seducido. Tal vez ellos se juzgaron a sí mismos según el estándar que los rodeaba. cualquier cosa que hubieran pensado, los hijos de Elí decidieron creer que la *demora* del juicio significaba *ausencia* del mismo. Esta corrupción del liderazgo sólo intensificó el decaimiento de la ya deteriorada condición espiritual de Israel.

Gracia pervertida

Pablo hizo algunas serias predicciones acerca de la condición del hombre al describir los tiempos que estamos viviendo hoy. Él escribió: «También debes saber esto: que en los postreros días vendrán tiempos peligrosos. Porque habrá hombres amadores de sí mismos, avaros, vanagloriosos, soberbios, blasfemos, desobedientes a los padres, ingratos, impíos, sin afecto natural, implacables, calumniadores, intemperantes, crueles, aborrecedores de lo bueno, traidores, impetuosos, infatuados, amadores de los deleites más que de Dios» (2 Timoteo 3:1–4).

Lo más tenebroso de esta verdad es que Pablo no está describiendo la sociedad sino la Iglesia, ya que continúa: «... tendrán apariencia de piedad, pero negarán la eficacia de ella» (2 Timoteo 3:5). Ellos asisten con frecuencia a la iglesia, escuchan la Palabra de Dios, hablan de cosas espirituales, se jactan en la salvadora gracia del Señor, pero rechazan el poder que puede transformar sus vidas.

¿Cuál es el poder que puede hacerlos piadosos? La respuesta es simple: la gracia de Dios de la cual ellos se jactan. En los pasados veinte o treinta años la gracia enseñada y creída en muchas de nuestras iglesias no fue la gracia verdadera, sino una perversión de ella. Esto es el resultado de sobreenfatizar la *bondad* de Dios, en desmedro del *temor* de Dios.

Cuando la doctrina del amor de Dios no es balanceada con el entendimiento del temor del Señor, lo resultante es un error. De igual forma, cuando el temor de Dios no es balanceado con su amor, tenemos el mismo resultado. Es por eso que somos exhortados a considerar tanto «la bondad y la severidad de Dios» (Romanos 11:22). Se deben tener ambos; y sin alguno de ellos, terminaremos en desbalance.

En numerosas conversaciones y desde muchos púlpitos he escuchado a cristianos y líderes excusar la desobediencia por asumir que estaban cubiertos por la gracia de Dios o por su amor. La gracia es inmerecida; y *sí* cubre, pero no de la manera que lo hemos enseñado. No es una *excusa*, sino un *proceso* por el cual se nos facilita vivir en santidad.

Esta falta de balance infiltra nuestro razonamiento al punto de sentirnos completamente libres de desobedecer a Dios, inclusive cuando es inconveniente y desventajoso para nosotros. Aun cuando hemos pecado, nos indultamos a nosotros mismos con un encogimiento de hombros y el pensamiento: «*La gracia de Dios me cubrirá por esto, puesto que Él me ama y comprende lo duro de esta vida. Él me quiere feliz, no importa el costo, ¿verdad?*»

Por supuesto, no siempre verbalizamos este proceso de pensamiento, sin embargo existe. Esto es evidenciado por el fruto de este razonamiento, por lo cual Pablo nos advierte.

Aunque la gracia nos cubre, no es meramente una «cubierta». La gracia nos habilita y permite que vivamos una vida de santidad y obediencia a la autoridad de Dios. El escritor de Hebreos exhorta: «… tengamos gratitud, y mediante ella sirvamos a Dios agradándole con temor y reverencia» (Hebreos 12:28). La gracia no es una cobertura para esconder todo lo que hay debajo, sino la fuerza que nos permite servir a Dios aceptablemente, con reverencia y temor divino. Es la esencia del poder detrás de una vida de obediencia. Es la credencial de nuestra salvación.

Rebatiendo a esto, algunos pueden argüir: «Pero la Biblia dice: 'Porque por gracia sois salvos por medio de la fe; y esto no es de vosotros, pues es don de Dios'» (Efesios 2:8). Sí, es verdad; es imposible vivir en nuestras propias fuerzas una vida digna de nuestra herencia en el reino de Dios, puesto que todos hemos pecado y hemos caído del estándar de justicia de Dios. Ninguno de nosotros podrá pararse frente a Dios y reclamar su derecho a vivir en su reino, ganado por las buenas obras, acciones caritativas, o por vivir vidas buenas. Cada uno de nosotros hemos transgredido y merecemos ser quemados en el lago de fuego eternamente.

La respuesta de Dios para nuestra deficiencia es el regalo de la salvación a través de su gracia, un regalo que no puede ser ganado (Romanos 4:4). Muchos en la iglesia comprenden esto. Hemos fallado en enfatizar que el poder de la gracia no sólo nos redime sino que también nos garantiza la posibilidad de vivir nuestras vidas de una manera diferente. La Palabra de Dios declara:

> *«Así también la fe, si no tiene obras, es muerta en sí misma. Pero alguno dirá: Tu tienes fe, y yo tengo obras. Muéstrame tu fe sin tus obras, y yo te mostraré mi fe por mis obras».*
>
> —Santiago 2:17, 18

Santiago no estaba contradiciendo a Pablo; estaba clarificando el mensaje de este al declarar que la evidencia de que una persona ha recibido la gracia de Dios es una vida de obediencia al Señor. Esta gracia no sólo imparte un *deseo* por tener obediencia reverente, sino también la *habilidad* para permanecer. Una persona que consistentemente desobedece la Palabra de Dios es alguien en quien la fe ha fallado, o, en verdad, nunca existió. Santiago continúa:

> *«Vosotros veis, pues, que el hombre es justificado por las obras, y no solamente por la fe».*
>
> —Santiago 2:24

Santiago introdujo esta declaración usando a Abraham, el padre de la fe, como ejemplo: «¿No fue justificado por las obras Abraham nuestro padre, cuando ofreció a su hijo Isaac sobre el altar?» (Santiago 2:21). La fe estaba evidenciada por las acciones. Sus obras verificaban que su fe era perfecta. «Y se cumplió la escritura que dice: Abraham creyó a Dios, y le fue contado por justicia, y fue llamado amigo de Dios» (Santiago 2:23).

En nuestro idioma, la palabra *creer* ha sido reducida al conocimiento mental de la existencia de algo. Multitudes han hecho
la oración del pecador, movidos emocionalmente, sólo para luego regresar a sus caminos de desobediencia. Continúan viviendo
por ellos mismos, mientras creen en una salvación emocional que
no tiene el poder para cambiarlos. Sí, ellos creen en Dios; pero la
Biblia dice: «Tú crees que Dios es uno; bien haces. También los
demonios creen, y tiemblan» (Santiago 2:21).

¿Qué hay de bueno en conocer a Jesucristo, cuando no hay
cambio de corazón, y por lo tanto no hay cambios en las obras?

Las Escrituras retratan un significado muy diferente de la palabra *creer*. Es más que el conocimiento de la existencia de Jesús;
implica obediencia a su palabra o voluntad. Esto lo explica Hebreos
5:9: «Y habiendo sido perfeccionado, vino a ser autor de eterna
salvación para todos los que le obedecen». Creer es obedecer, y
obedecer es creer. La prueba de la fe de Abraham era su corres-
pondiente obediencia. Él ofreció su precioso hijo a Dios. Nadie,
ni siquiera su hijo, significaba más para Abraham que el obedecer
a Dios. Esto es fe verdadera. Es por eso que él es honrado como
«padre de la fe» (Romanos 4:16). ¿Vemos esa misma fe y esa misma gracia evidentes en nuestras iglesias hoy día? ¿Cómo hemos
sido tan engañados?

«Dios es como nosotros»

No solo Elí y sus hijos engañaban al pueblo de Israel, sino que
ellos mismos lo fueron. Creyeron que Dios dio el beneplácito a su
desobediencia. Con sus consciencias cauterizadas, pensaron que
Dios era como ellos. Lo midieron por lo que conocían y veían.

Pablo continúa describiendo a aquellos en la Iglesia de nuestros
días, que han perdido el poder de llegar a ser piadosos. «Mas los
malos hombres y los engañadores irán de mal en peor, engañan-
do y siendo engañados» (2 Timoteo 3:13).

Su profético punto de vista es confirmado en la actualidad. Dios declara a los líderes corruptos y falsos creyentes:

> *«¿Qué tienes tú que hablar de mis leyes,*
> *y que tomar tu pacto en mi boca?*
> *Pues tú aborreces la corrección*
> *y echas a tu espalda mis palabras.*
> *Si veías al ladrón, tú corrías con él,*
> *y con los adúlteros era tu parte.*
> *Tu boca metías en mal,*
> *y tu lengua componía engaño.*
> *Tomabas asiento,*
> *y hablabas contra tu hermano...»*
>
> —Salmo 50:16-20

Dios pregunta: ¿Por qué están predicando mi palabra cuando no me temen ni obedecen? ¿Por qué engañan a otros y a ustedes mismos? Él les dice:

> *«Estas cosas hicisteis, y yo he callado; pensabas que de cierto sería yo como tú; pero te reprenderé, y las pondré delante de tus ojos».*
>
> —Salmo 50:21

Dios dijo: «Yo he callado». El juicio fue demorado, pero no denegado. Por eso el Señor afirma: «Te reprenderé y las pondré delante de tus ojos». Recuerde: el *orden divino* precede a la *gloria revelada*. Una vez que la gloria ha sido revelada, el desorden se enfrenta a un juicio inmediato para asegurar así el mantenimiento del orden divino. Dios promete a aquellos cuyo juicio está pendiente: «Tengan por seguro que habrá orden; Yo lo traeré».

Note que son sus consciencias las que consienten la desobediencia en sus comportamientos irreverentes. Ellos creen que Dios es exactamente igual a ellos; reducen la imagen de la gloria de Dios al nivel del hombre corruptible.

¡Pueblo de Dios, escucha sus palabras de misericordia! Ustedes pueden decir: «¿Palabras de misericordia? ¡Pensé que eran de juicio!» No, mediante la predicación y los escritos proféticos, Dios trata de advertirnos para mantenernos lejos de sus juicios. Por lo tanto, sus mensajes son de *misericordia.*

Dios tiene un remanente

Por el Espíritu de Dios, Pablo vio la gloria manifestada de Dios menguar hasta que llegaría otra vez al nivel más bajo de todos los tiempos. En los días precedentes al segundo derramamiento podremos ver tal clima espiritual. Ambos, sacerdotes y pueblo, sufrirán corrupción. Pablo, proféticamente, se lamentó:

> *«Porque vendrá tiempo cuando no sufrirán la sana doctrina, sino que teniendo comezón de oír, se amontonarán maestros conforme a sus propias concupiscencias».*
> —2 Timoteo 4:3

Es triste decirlo, pero estamos viviendo en esos días. Muchos pastores y ministros parecen desear atraer a las multitudes, más que sostener la rectitud. Tienen miedo de predicar la verdad con énfasis, preocupados por perder aquello que les costó tanto construir. Entonces le dicen a la gente lo que ellos quieren escuchar, dejando de lado la confrontación. Los resultados son devastadores. Los pecadores se sientan en nuestras congregaciones sin convicción de pecado y sin tomar consciencia de todo lo referente a la justicia. Muchos de esos individuos, confundidos, asumen que han sido salvos, cuando de hecho no lo son. Al mismo tiempo, algunos ministros persiguen el favor y las recompensas del hombre, sin considerar el favor de Dios, mientras los creyentes santos claman:

«¿Dónde está Dios?» Lo peor de todo es que, mientras nuestra sociedad permanece cautiva en la oscuridad, la Iglesia es vista con desdén. Ella no puede ayudar realmente a la sociedad, porque está infestada y enferma con la falta del temor del Señor.

¿Cuál es la respuesta de Dios? Se encuentra en la palabra *remanente*. Así como Dios encontró un remanente que tembló ante su Palabra y lo llenó con su gloria en la lluvia anterior, así encontrará un remanente de creyentes en estos últimos días de la lluvia tardía, en el cual nuevamente pueda revelar su gloria. El tamaño o número de este grupo no es importante. Esos creyentes lo amarán y obedecerán, no importa el costo en sus vidas personales. Hay líderes, ministros y creyentes a través de todo el Planeta que están clamando por tal derramamiento.

9

La gloria que vendrá

«La gloria postrera de esta casa será mayor que la prime-ra, ha dicho Jehová de los ejércitos».

—Hageo 2:9

Frecuentemente escucho a ministros y creyentes jactarse de que estamos en la lluvia tardía. Hablan como si pensaran que la Iglesia está experimentando actualmente el gran derrama-miento del Espíritu de Dios, profetizado por los profetas, como si Jesús fuera a venir cualquier día y llevarnos. Escucho esto vez tras vez. A quienes dicen esto, les contesto: «Su visión es muy peque-ña. Se han quedado muy lejos de lo que Dios realmente hará».

Con frecuencia, esto es hecho por ignorancia y es más propen-so a suceder durante un genuino mover de Dios. Por más maravi-lloso que sea el mover del Espíritu de Dios en esas reuniones, no significa que estemos experimentando la gloria de la lluvia tardía. Hemos confundido un fresco mover del Espíritu de Dios, el cual es muchas veces acompañado de su poder, unción y dones, con la gloria de Dios que aún está por venir.

Junto a otras, tal declaración es dicha en medio de pereza espiritual. Ellos han crecido agobiados bajo el alto y acuciante llamado de Dios, haciendo «campamento» muy lejos de donde Dios los había llamado. Algunos no han acampado, pero vagan sin rumbo, buscando caminos alternativos de reposo. Esos caminos llevan nombres tales como contemporización, mundanalidad, religión y falsa unidad. En cualquier caso, los individuos que deambulan por estos caminos han optado por la gloria del hombre y —si queda algo dormido— terminará resistiendo la gloria de Dios, cuando esta finalmente sea revelada.

Otros han proclamado el derramamiento de la gloria de Dios por pura exageración. Esta proclama es la más peligrosa porque es muy irreverente. Dios habló a mi corazón: «Aquellos que han ido tras lo *artificial*, nunca verán lo *real*». Si su irreverencia continúa, esta gente experimentará el juicio en el momento de la revelación de la gloria de Dios, gloria que desea traernos gran refrescamiento y gozo.

Algunos pueden argüir: «Pero hay un incremento del poder, de la sanidad y de los milagros de Dios actualmente». Esto puede ser verdad, pero no indica automáticamente que se trata de la lluvia tardía. Debemos recordar que los dones del Espíritu pueden operar aun en aquellos que no agradan al Señor. Cuando la unción de Dios viene, no significa necesariamente que está acompañada por la aprobación de Dios. Jesús nos advierte que muchos vendrán a Él en el Día del Juicio y dirán que han echado fuera demonios, que han profetizado, y que han hecho muchas maravillas en su nombre; aun así Él les dirá: «Apartáos de mí, hacedores de maldad».

Debemos tener en mente los propósitos de Dios para la Creación. Dios no puso a Adán en el jardín para que tuviera un ministerio mundial de predicación, sanidad y liberación. No, fue puesto allí para que Dios pudiera caminar con él. Dios quería una relación con Adán, pero esa relación se cortó debido a la desobediencia.

Hemos sido creados por Dios para coexistir con su gloria. Pero la desobediencia no puede existir dentro nuestro si estamos para agradar a Dios. La medida apropiada de nuestra verdadera condición espiritual reposa en nuestra obediencia actual a su voluntad. Puede haber una unción en nuestras vidas, y aun así permanecer lejos del corazón de Dios. Considere los ejemplos de Judas, Balaam y el rey Saúl: cada uno de ellos operó ungido, pero pronto cayeron de caminar en la gloria de Dios, debido a sus motivos egoístas.

Dios no levanta a sus hijos con el propósito de realicen milagros. Él habló a través del asno de Balaam en el Antiguo Testamento, pero esto no significa que en esta bestia de carga habitara la gloria de Dios. Por los últimos seis milenios, Dios ha estado trabajando pacientemente en un templo para Él, formado por sus hijos obedientes, quienes lo aman y le temen. Pedro escribió: «Vosotros también, como piedras vivas, sed edificados como casa espiritual...» (1 Pedro 2:5). Y Pablo afirmó: «En quien vosotros también sois juntamente edificados para morada de Dios en el Espíritu» (Efesios 2:22).

Si somos honestos admitiremos que nosotros —su templo— aún no estamos preparados para su gloria. El templo aún está bajo construcción. El orden divino está siendo restaurado dentro del corazón del hombre.

Nuestra condición presente

Hubo otro tiempo en la historia de Israel que es comparable a la situación actual de la Iglesia. Recuerde que los eventos y lecciones de Israel son tipos y símbolos de cosas por venir en la Iglesia. Después de setenta años de la cautividad babilonica, un grupo de judíos retornó a su amada Tierra Prometida. Había pasado el juicio y dio comienzo la restauración. Fue el tiempo de reconstruir las murallas y el templo.

Inicialmente esta fase de reconstrucción fue recibida con entusiasmo, dedicación y trabajo esforzado. Sin embargo, a medida que el entusiasmo decayó, la gente perdió su motivación y dieciséis años después aún debían terminar el templo. Sus asuntos personales fueron tomando prominencia sobre la restauración de la casa de Dios. Su reverencia había menguado y se había enredado en sus propios asuntos personales. Aquello que Dios consideraba santo e importante había sido puesto en el «mechero pequeño».

Para despertar al pueblo, Dios levantó al profeta Hageo. Él confrontó a la gente con esta pregunta: «¿Es para vosotros tiempo, de habitar en vuestras casas artesonadas, y esta casa está desierta?» (Hageo 1:4). Los israelitas habían perdido la perspectiva puesto que su enfoque se había desviado de Dios a ellos mismos. Cuando esto ocurre, la pasión y el deseo personal por Dios siempre comienza a decaer.

Por medio de este profeta, Dios explicó la razón por tal descontento: «Ustedes buscan mucho, pero encuentran poco; y lo que guardan en su casa, yo me lo llevo de un soplo. ¿Por qué? Pues porque mi casa está en ruinas, mientras que ustedes solo se preocupan de sus propias casas. Yo, el Señor, lo afirmo. Por eso no cae para ustedes la lluvia, ni la tierra les da sus productos» (Hageo 1:9, 10). La lluvia había sido retenida para sus cosechas. Cuando nuestra búsqueda es por «bendiciones» en lugar del Señor mismo, Él removerá o retendrá aquello por lo cual clamamos a Él.

¿Es nuestro dilema actual diferente? Nosotros también vivimos en una era de restauración, puesto que la Biblia nos habla de que Jesús no retornará hasta la restauración de todas las cosas. (Ver Hechos 3:21.) Las Escrituras prometen que todo lo que fue perdido será restaurado antes que Él retorne. Dios restauró el templo natural de Israel, y aunque nuestro templo no es natural, está formado por nuestros corazones. El templo santo será reparado y restaurado en su divino orden y para su gloria, nuevamente.

Aun en nuestra época de restauración, nos comportamos tal como Israel lo hizo. Hemos perseguido las bendiciones y buscado la comodidad y lo fácil. Para la mayoría de nosotros lo mejor ha sido dar para construir nuestras casas. Hemos dado la mayor parte de nuestro tiempo para lograr nuestro éxito personal, y así poder disfrutar de la comodidad y seguridad.

¿Dónde está mi honor?

Más tarde, Dios cuestionó a Israel por medio del último profeta del Antiguo Testamento: Malaquías. Él vivió dentro del siglo de Hageo, en el mismo período de restauración. Él clamó:

> *«El hijo honra al padre, y el siervo a su señor. Si, pues, soy yo padre, ¿dónde está mi honra? Y si soy señor, ¿dónde está mi temor? dice Jehová de los ejércitos a vosotros, oh sacerdotes, que menospreciáis mi nombre. Y decís: ¿En qué hemos menospreciado tu nombre?*
>
> *En que ofrecéis sobre mi altar pan inmundo. Y dijisteis: ¿En qué te hemos deshonrado? En que pensáis que la mesa de Jehová es despreciable.*
>
> *Y cuando ofrecéis el animal ciego para el sacrificio, ¿no es malo? Asimismo, cuando ofrecéis el cojo o el enfermo, ¿no es malo? Preséntalo, pues, a tu príncipe; ¿acaso se agradará de ti, o le serás acepto? dice Jehová de los ejércitos».*
>
> —Malaquías 1:6-8

Dios le preguntó a su pueblo: «Ustedes me llaman Señor, pero ¿dónde están mi honor y reverencia?» ¿En qué forma no fue respetado? A Él le daban el segundo, mientras que el pueblo retenía el primero.

Dios llamó irrespeto e irreverencia a la acción del pueblo. A fin de ayudar a los israelitas a ver más claramente su error, Dios los desafió a dar al gobernador aquello que presentaban como ofrenda a Dios (es decir, el jefe, el gobernador delegado; de un nivel muchísimo más bajo que el Rey del Universo). Si la mayoría de nosotros trabajáramos en nuestros empleos de la forma en que lo hacemos para Dios, ¡seríamos despedidos antes de terminar la primera semana!

Miremos el grado de honor que le damos frecuentemente a Dios. Venimos a la iglesia diez minutos tarde. Nos sentamos y miramos. No damos ni un dedo para el servicio, todo mientras criticamos al liderazgo y a aquellos que sí sirven. Guardamos una constante y sospechosa mirada sobre cómo es gastado el dinero, aun cuando rara vez damos nuestros diezmos en su totalidad. Corriendo hacia el almuerzo, salimos del servicio antes de que termine completamente. Asistimos solo a los servicio regulares y nos frustramos cuando se nos convoca a alguna reunión especial extra. Si el tiempo no es bueno, nos quedamos en casa para evitar los contratiempos. Si esto es excepcionalmente bueno, nos quedamos en casa para disfrutarlo. Si nuestro programa favorito de televisión viene a la misma hora, perdemos la reunión para poder mirarlo.

¿Cuánto permaneceríamos en el trabajo si esta fuera nuestra actitud hacia el empleo secular?

La mayoría de aquellos que sirven en iglesias y ministerios están sobrecargados, puesto que solo unos pocos están dando de su tiempo para llevar adelante la tremenda carga que involucra el ministerio. La mayoría viene solo para recibir o ser espectadores; nunca para dar o servir. Por eso los pobres y los necesitados de la congregación son desatendidos, porque quienes tienen algo para darles están sobrecargados de ocupaciones en sus propias vidas. Pero cuando nosotros desmayamos y caemos al nivel más bajo, cada uno está ocupado buscando su propio éxito, y son más críticos con el pastor si las necesidades de los pobres no son satisfechas.

Esta suerte de comportamiento no es otra cosa que irreverencia frente al Señor. La mayoría de nosotros trabajaremos mucho y muy duro para mantener nuestros estándares de vida. Pero nos sentiríamos mal si el servicio del domingo fuera media hora más allá del tiempo en que pensamos que debiera concluir. Las reuniones de oración requieren de mucho esfuerzo para asistir, y alegamos que no tenemos suficiente tiempo para dar comida y ropa a los pobres.

La verdad es que cada cosa tiene su tensión. Muchos padres no harán tiempo para sus familias, precisamente por dedicar tanto tiempo al trabajo para sostenerlas. Ponen a sus familias aparte, diciendo defensivamente: «¡Por supuesto que te amo! ¡¿Es que no puedes ver cuán ocupado estoy para poder proveer para ti?! Ahora, déjame solo. Estoy cansado y no tengo tiempo para ti en este momento».

Dios explica esta confusión: «Ustedes buscan mucho, pero encuentran poco; y lo que guardan en su casa, yo me lo llevo de un soplo. ¿Por qué?», dice el Señor, «Porque mi casa está en ruinas, mientras ustedes solo se ocupan de sus propias casas… Por eso no cae para ustedes la lluvia, ni la tierra les da sus productos» (Hageo 1:9, 10, DHH).

¿Dónde están los verdaderos predicadores?

Malaquías y Hageo fueron profetas verdaderos. Ellos profetizaron fuertes palabras trayendo cambio en los corazones de Israel. El pueblo oyó esas palabras y obedeció la voz del Señor en las palabras de Hageo, «y temió el pueblo delante de Jehová» (Hageo 1:12).

La reverencia fue restaurada. Ahora el enfoque estaba nuevamente sobre el templo. Sus intereses personales eran secundarios. Cuando temamos al Señor, pondremos siempre sus intereses por encima de los nuestros.

En la actualidad necesitamos predicadores como Hageo y Malaquías, quienes menospreciaron la popularidad a fin de agradar a

Dios. Necesitamos predicadores que hablen palabras fieles, palabras que la gente necesita escuchar, en oposición a las palabras que quieren escuchar. Hoy en día, si una persona escribe un libro sobre cómo mejorar su estilo de vida, o cómo alcanzar el éxito, se vendería muy bien. Nosotros escribimos y predicamos sobre tópicos que son agradables a la gente. Pero, ¿dónde están aquellos que no consideran sus mensajes según cómo serán recibidos en la tierra sino en función de cómo los recibirán en el Cielo?

Mientras viajo, mi tiempo para hablar es con frecuencia limitado por factores presionantes; generalmente se limita a una hora, a hora y media. Normalmente hay dos razones detrás de esto: primero, hay un temor a que si servicio es muy largo, la iglesia perderá tanto asistentes como miembros. Es interesante que los mismos miembros pueden sentarse con gusto por dos horas o más a ver una película o apreciar un espectáculo deportivo, pero se frustran si el sermón dura más de sesenta minutos.

En segundo lugar, hay cierta tensión que el servicio pone sobre los que trabajan con niños. Si ellos ministraran a los pequeños, en lugar de entretenerlos, experimentarían un genuino mover de Dios. Tuve servicios que duraron tres horas o más, y los niños no tuvieron ningún problema permaneciendo a través de ese tiempo. La razón es que los niños no estaban siendo entretenidos sino también ministrados. Esto no quiere decir que un servicio deba ser largo para ser efectivo. Esas actitudes son simples reflexiones sobre lo que consideramos como merecedor de nuestra atención.

He notado esto más frecuentemente en iglesias muy grandes. A veces la razón de que la iglesia es grande es, precisamente, porque allí se complace la tibieza de los convertidos, quienes pueden entrar y salir apurados, sin que nunca se los haga sentir incómodos.

Sí, si el Espíritu Santo no está presente en un servicio, no hay razón para que dure más de hora y media. De hecho, aun eso es mucho tiempo sin la presencia del Espíritu Santo. Estoy de acuerdo con eso. Sin embargo, el Espíritu puede ser hallado en servicios donde el liderazgo le permite hacer y decir cualquier cosa que Él desee.

Recientemente estuve con el pastor de una gran iglesia, quien me pidió que limitara el servicio a una hora y media. Lo miré, y con respeto por su posición, le contesté:

—¿Es eso lo que usted quiere? ¿Quiere darle al Espíritu Santo un límite de tiempo? Si lo hace, podrá crecer, pero olvídese de tener un verdadero mover de Dios en la iglesia.

Él concedió:

—Está bien, pero que no sean más de dos horas.

Nuestro último servicio era en la tarde de un lunes, y prediqué un mensaje muy fuerte. Alrededor del 80% de la gente pasó al frente cuando hice un llamado al arrepentimiento. Noté que mi tiempo se había terminado, entonces concluí el servicio. He aprendido que Dios se agrada cuando respeto la autoridad que Él ha establecido sobre un cuerpo de creyentes.

Volé a casa temprano en la siguiente mañana. Al siguiente día, el pastor me llamó:

—John, se suponía que usted oraría por nuestro equipo pastoral.

Estuve de acuerdo, y le contesté:

—Iba a hacerlo, pero el tiempo se había terminado.

Él continuó:

—John, cuando llegué a mi casa, mi esposa estaba en medio de la sala, tirada en el piso, llorando. Me miró y me dijo: «Hemos perdido a Dios; la reunión debiera haber continuado».

«Hemos recibido llamadas durante todo el día, de gente testificando que sus vidas fueron cambiadas. Los creyentes de la zona han estado llamando para decir: «Escuchamos que Dios está haciendo algo en su iglesia; ¿hay un servicio esta noche?»

«No puedo creer que yo haya limitado su tiempo. Dios me reprendió sobre eso.

Yo le contesté:

—Pastor, estoy lleno de gozo al ver que usted tiene un corazón abierto.

Luego me pidió que, tan pronto como fuera posible, tuviéramos una semana de reuniones. Me gustaría decir lo mismo de todos los pastores con los que me he encontrado y que han limitado al Espíritu de Dios en sus iglesias.

Dios se lamentó sobre la irreverencia a través de Jeremías:

> *«Cosa espantosa y fea es hecha en la tierra; los profetas profetizaron mentiras, y los sacerdotes dirigían por manos de ellos; y mi pueblo así lo quiso. ¿Qué, pues, haréis cuando llegue el fin?*
>
> —Jeremías 5:30, 31

Es aterrador, pero el pasaje del texto describe mucho de lo que vemos hoy en día. Con frecuencia las palabras de los así llamados «profetas» en la Iglesia no traen verdadera fortaleza al corazón del pueblo de Dios. Les dan alivio temporario, con la promesa de bendiciones. Pero más tarde la gente se desanima cuando llegan a estar desilusionados con Dios porque aquellas palabras no se cumplieron. Los mensajes de Hageo y Malaquías decían a la gente que volvieran al corazón de Dios. Sus palabras proféticas trajeron un saludable temor por el Señor en el pueblo, el cual fue llevado a la obediencia.

Es desafortunado que la mayoría de las predicaciones y palabras personales de profecías alimentan actitudes equivocadas y conceptos que se han infiltrado en los corazones de los hijos de Dios. *«Dios quiere que sea feliz»*. *«Dios quiere que usted sea bendecido»*. *«¡Hay un estilo de vida exitoso esperando para usted!»* Estudie por usted mismo sobre las profecías personales encontradas en el Nuevo Testamento. Encontrará solamente unas pocas, y la mayoría hablan de las cadenas, tribulaciones y muertes que esperan a aquellos que dan gloria a Dios. (Ver Juan 21:18, 19;

Hechos 20:22, 23; 21:10, 11). ¡Bastante diferente a las profecías personales de la actualidad!

En aquel pasaje de Jeremías, el Señor describe a un sacerdote que gobierna con mano de hierro. Esto sucede cuando los pastores gobiernan por control, más que por obediencia a la guía del Espíritu. Es ofensivo para el Espíritu decirle que tiene sólo una hora y media, de principio a fin, para completar su trabajo. A Él le desagrada cuando los líderes siguen un rígido patrón, tomando decisiones fuera del consejo de Dios. Pero lo que Dios encuentra más alarmante ¡es que a su pueblo *le gusta eso*! Para muchos, tales limitaciones protegen su propio e irreverente estilo de vida egoísta.

Con la lluvia temprana vino la gran bendición, pero también trajo un juicio inmediato. Dios preguntó: «¿Qué haréis cuando llegue el fin?» Creo que nos está advirtiendo: «Si no cambian, en el día de mi gloria serán juzgados, en lugar de bendecidos».

Considere el templo anterior

Retornemos a Hageo. El temor de Dios fue restaurado en los corazones de Israel; su enfoque volvió a Dios. Hageo, entonces, señaló la condición presente del templo:

> *«¿Quién ha quedado entre vosotros que haya visto esta casa en su gloria primera, y cómo la veis ahora? ¿No es ella como nada delante de vuestros ojos?»*
> —Hageo 2:3

Creo que Dios nos está preguntando lo mismo a nosotros en el día de hoy: «¿Cuántos de ustedes recuerdan a la Iglesia en su gloria pasada? ¿Cómo se compara con la actual? ¿Cómo nos vemos nosotros mismos —el templo de Dios?»

Para responder, examinemos por comparación la Iglesia en el libro de Hechos. Pentecostés, el primer día de la lluvia temprana, vino con tal fuerza que atrapó la atención de multitudes en Jerusalén. No había radio, ni televisión, ni anuncios en los periódicos. No se repartían volantes. De hecho, no había ni reunión programada. No obstante, Dios se manifestó a Sí mismo tan poderosamente que las multitudes escucharon las palabras ungidas de Pedro, y miles fueron salvos. Esta reunión no se hizo en una iglesia, un auditorio o un estadio, sino más bien al aire libre, en las calles.

Poco tiempo después, Pedro y Juan caminaban al templo, y vieron a un lisiado que había estado cojo de nacimiento. Diariamente estaba recostado en las calles, pidiendo limosna. Pedro lo alzó en sus pies y el hombre lisiado fue sanado en el nombre de Jesús. A los pocos minutos, otra multitud de miles se reunió. Pedro predicó y cinco mil hombres fueron salvos. Ni siquiera hubo tiempo para un llamado al altar, porque Pedro y Juan fueron arrestados antes de terminar su mensaje.

En muy poco tiempo la Iglesia había crecido de 120 a más de 8000 miembros.

Después de que Pedro y Juan fueron liberados de la prisión, regresaron con los otros creyentes. Juntos oraron con tal unidad que el edificio fue sacudido. ¡Eso es poder! Ahora bien, conozco predicadores que tienen la tendencia a exagerar, ¡pero la Biblia no! Cuando dice que el edificio tembló, ¡tembló!

Poco tiempo después, un matrimonio trajo una ofrenda, y debido a su irreverencia, cayeron muertos. inmediatamente después de este incidente, leemos:

> «... *sacaban los enfermos a las calles, y los ponían en camas y lechos, para que al pasar Pedro, al menos su sombra cayese sobre alguno de ellos*».
>
> —Hechos 5:15

Note que habla de «calles», no de una «calle». Jerusalén no era una ciudad pequeña. La gloria de Dios era tan fuerte que todo lo que Pedro tenía que hacer era caminar entre la gente, y ellos serían sanados.

Luego de eso, la persecución llegó a ser tan intensa en Jerusalén que los creyentes se dispersaron por las regiones de Judea y Samaria. Uno de ellos, Felipe, un hombre que servía las mesas de las viudas, fue a la ciudad de Samaria y predicó. La ciudad entera respondió y multitudes le prestaron atención al ver los grandes milagros que hizo. Los efectos del Espíritu de Dios en esa ciudad fueron tan grandes que la Biblia registra: «... así que había gran gozo en aquella ciudad» (Hechos 8:8).

Un ángel del Señor le había dicho a Felipe que fuera al desierto, donde encontraría a un hombre proveniente de Etiopía, quien tenía gran autoridad. Él lo guió a Cristo y lo bautizó. Luego el Espíritu del Señor lo tomó y desapareció de delante de los ojos de ese hombre. Fue trasladado del desierto a una ciudad llamada Azoto.

Poco después de eso encontramos a una ciudad llamada Lida. Allí estuvo Pedro con un varón llamado Eneas, quien había permanecido paralítico por ocho años. Pedro le habló en el nombre de Jesús, y este hombre lisiado fue inmediatamente sanado.

La Biblia dice: «Y le vieron todos los que habitaban en Lida y el Sarón, los cuales se convirtieron al Señor» (Hechos 9:35). ¡Dos ciudades enteras terminaron siendo salvadas!

Más tarde vemos a Dios trabajando entre los gentiles. Cualquier fuera el lugar donde los creyentes iban, las ciudades eran afectadas. Los creyentes eran descritos como «estos que trastornan el mundo entero» (Hechos 17:6).

La gloria de Dios era tan poderosa que la Biblia registra: «Así continuó por espacio de dos años, de manera que todos los que habitaban en Asia, judíos y griegos, oyeron la palabra del Señor Jesús» (Hechos 19:10). ¡Wow! No dice que «toda Asia escuchó la palabra». Eso hubiera sido más fácil de digerir, porque significaría que toda la ciudad había sido afectada, pero no necesariamente cada persona.

En lugar de eso, dice: «… todos los que habitaban en Asia … oyeron la palabra del Señor Jesús». Eso nos dice que cada persona que habitaba Asia escuchó la palabra de Dios en sólo dos años. Asia no es un pueblo, una ciudad o aun un país. ¡Es toda una región!

Todo esto fue hecho sin satélites, ni Internet, televisión, radio, automóviles, bicicletas, casetes de sonido, libros o videos. Aun así la Biblia dice que «cada persona» escuchó el evangelio mientras era proclamado por estos primeros cristianos.

Siete veces mayor

¿Está usted ahora visualizando cuán gloriosa era la iglesia de Hechos durante la lluvia temprana del Espíritu de Dios? Volvamos a hacernos la pregunta de Dios. «¿Cómo se compara la iglesia de los Hechos con la actual?» ¿Somos como nada? Si fuéramos honestos, deberíamos responder «*sí*» a esta última pregunta. No hay forma de comparar la iglesia actual con aquella gloriosa del libro de Hechos. Podemos tener más *recursos*, pero parece que tenemos menos *fuente* de donde fortalecernos.* No estoy en contra de los libros, cintas, televisión, computadoras ni de la tecnología satelital. Todos ellos son recursos, pero si no son inspirados por la Fuente, servirán de poco alcance. *Dios es la Fuente para todos nuestros recursos.*

¿Hace Dios esta pregunta para condenarnos? ¡Absolutamente no! Él simplemente está desafiándonos para que aumentemos nuestra visión. Si pensamos que hemos llegado a nuestro destino, no tendremos ningún deseo de ir más allá. Nuestra pasión y sentido por la aventura se habrá perdido. Proverbios 29:18: «Sin profecía el pueblo se desenfrena».

---

* El autor, al escribir en inglés, usa un juego de palabras entre *resources* (recursos) y *source* (fuente).

Con esa revelación de nuestra necesidad, Él traza un camino para su visión profética.

Lea la Palabra de Dios y vea su visión:

«La gloria postrera de esta casa será mayor que la primera, ha dicho Jehová de los ejércitos».

—Hageo 2:9

¿Puede imaginarse eso? ¡Dios dice que su gloria revelada excederá la que mostró en el libro de los Hechos! ¿Se da cuenta de cuán limitada es nuestra percepción de la visión de Dios?

De hecho, el Señor me asombró hablándome en oración, hace unos pocos años: «John, la magnitud de mi gloria revelada en los días por venir será siete veces más grande que la experimentada por la gente en el libro de los Hechos».

Inmediatamente clamé: «Señor, no sé si puedo creer o comprender eso; necesito verlo en tu Palabra para confirmar que eras Tú hablándome».

He hecho esto con frecuencia, y el Señor nunca me ha castigado por eso. Las Escrituras dicen: «Por boca de dos o de tres testigos se decidirá todo asunto» (2 Corintios 13:1). El Espíritu de Dios no contradice su establecida Palabra escrita.

El Señor contestó inmediatamente. De manera rápida pasaron pasajes bíblicos por mi corazón; no solo dos o tres, sino varios.

Primero me preguntó: «John, ¿no he dicho en mi palabra que cuando el ladrón es sorprendido, debe devolver siete veces? (Proverbios 6:31). El ladrón ha robado de la Iglesia, pero mi Palabra dice que el Cielo debe recibir a Jesús hasta el tiempo de la restauración de todas las cosas. Esa restauración será por siete veces».

Él continuó: «John, ¿no dije en mi Palabra que causaría la derrota de los enemigos que se levantaran contra mi pueblo? «… por un camino saldrán contra ti, y por siete caminos huirán de delante de ti» (Deuteronomio 28:7)».

Luego, usando un versículo de Eclesiastés, me preguntó: «John, ¿no dije en mi Palabra que «mejor es el fin del negocio que su principio?» (Eclesiastés 7:8). El final de la era de la Iglesia será mejor que el comienzo».

Una vez más Él me habló, preguntándome: «John, ¿no reservé el mejor vino para el final en las bodas de Caná?» (Juan 2:1–11). El vino habla de su tangible presencia en la Escritura.

Más tarde Él me mostró el versículo bíblico que grabaría en mi corazón. Isaías, capítulo 30, cuenta cómo el pueblo de Dios buscaría fortalecerse a sí mismo en las fuerzas de Egipto (el sistema mundano). Ellos tomarían su fuerza de los ídolos buscados por el mundo. Por tanto Dios los haría pasar a través de la adversidad y de la aflicción para purificarlos. En este proceso ellos debían dejar de lado a sus ídolos y regresar completamente sus corazones a Dios. Una vez que esto sucedió, Dios dijo:

«*Entonces dará el Señor lluvia a tu sementera…*»
—Isaías 30:23

Isaías no estaba hablando de lluvia natural sino de la lluvia del Espíritu de Dios, tal como es descrita por Joel, Pedro y Santiago. Mire qué es lo que está por decir:

«*Y la luz de la luna será como la luz del sol, y la luz del sol siete veces mayor, como la luz de siete días, el día que vendare Jehová la herida de su pueblo, y curare la llaga que él causó*».
—Isaías 30:26

El sol natural no brilla siete veces más cuando está lloviendo. No, Dios está describiendo la gloria de su Hijo, a quien las Escrituras llaman «Sol de justicia» (Malaquías 34:2). Su gloria será siete veces más grande en los días previos a su Segunda Venida.

La lluvia tardía de la gloria de Dios no solo traerá frescura al pueblo de Dios sino también a aquellos que lo rodean. He ido a grandes reuniones donde Dios se estaba moviendo, y donde había miles presentes en cada noche. Aunque estaban siendo muy concurridas por santos, reincidentes y pecadores, estas reuniones con frecuencia no influían para nada en la ciudad que las albergaba. Mientras conducía los servicios, me preguntaba cuándo la ciudad entera sería afectada. Tan hermosas y buenas como son nuestras reuniones, aún espero por la lluvia tardía.

Esta lluvia tardía es diferente a los avivamientos pasados. Esos afectaban a una ciudad o región, aquí o allá, como Azuza y Gales. También afectaron a las naciones, pero usted debía ir hasta allí para ser parte de eso. Pero en el libro de los Hechos la gloria se manifestaba en cualquier lugar donde los discípulos fueran. La gloria de Dios fue derramada sobre todo el mundo conocido. ¡La lluvia tardía será derramada sobre toda la tierra en una medida aun mayor!

Es con entusiasmo que declaro: ¡donde hemos estado y donde estamos ahora, *no es donde seremos guiados*! Debemos levantar nuestros ojos al horizonte y buscar por su gloria venidera.

10

La restauración de su gloria

«Mas tan ciertamente como vivo yo, y mi gloria llena toda la tierra».

—Números 14:21

Nos estamos acercando rápidamente a la lluvia tardía de la gloria de Dios. Habrá una mayor diferencia entre la iglesia actual y la que existía antes de Pentecostés. En el libro de los Hechos Dios derramó su Espíritu repentina y dramáticamente, pero años más tarde eso comenzó a disminuir. Creo que las Escrituras revelan que la lluvia tardía no será un derramamiento repentino, sino más bien una rápida restauración. El primero fue instantáneo; el posterior será rápidamente restaurado.

Para explicarlo, volvamos al tiempo entre Moisés y el rey David. Moisés construyó el tabernáculo, el cual representaba el orden divino; luego la gloria de Dios fue revelada en una forma poderosa y dramática. Fue repentina y asombrosa. No había pasado gran tiempo desde que Moisés había completado su trabajo que el tabernáculo quedó sumergido en la densa nube de la gloria de Dios.

Esta gloria finalmente disminuyó debido al pecado y a la indiferencia hacia el Señor. Este altibajo gradual continuó hasta que Israel alcanzó el nivel más bajo de todos los tiempos, bajo el liderazgo de Elí. La lámpara de Dios estaba a punto de apagarse, y su gloria se había ido.

El día en que Elí y sus hijos murieron, el arca de Dios fue capturada por los filisteos. Ellos llevaron el arca a la ciudad de Asdod, donde su dios Dagón estaba ubicado. Pero la mano del Señor estaba contra Dagón. La estatua de este dios cayó. Sus cabeza y manos se rompieron delante del arca de Dios. Los filisteos llevaron el arca por cinco ciudades. Donde la llevaran, sobre los habitantes de ese lugar sobrevenían plagas con tumores y muerte. La devastación fue tan grande que los lamentos de las cinco ciudades alcanzaron al Cielo. (Ver 1 Samuel 5.)

Después de siete meses, los líderes filisteos, se reunieron junto a los sacerdotes y adivinos, para decidir cómo enviar de regreso el arca a Israel. Querían honrar al Dios de Israel con ofrendas por la culpa, con cinco ratas y cinco tumores, todos de oro, los que representaban a las cinco ciudades y a sus gobernantes. Oraron a Dios para que levantara su mano de castigo sobre ellos. Después de poner esos artículos de oro en un cofre, lo ubicaron junto al arca en un carro nuevo, tirado por dos vacas que habían parido hacía poco tiempo. Tomaron las crías y los encerraron en un corral. Los filisteos razonaron: «*Si las vacas llevan el carro lejos del llamado de sus becerros, entonces sabremos que fue Dios quien nos castigó*». Las vacas tiraron el arca directamente hacia el territorio de Israel, donde permaneció sin perturbar a nadie, en la casa de Abinadab, en la ciudad de Quiriat-Jearim, por veinte años. Es interesante notar que el primer rey de Israel, Saúl, nunca buscó restaurar el arca de Dios a Israel.

La restauración de la gloria de Dios a Israel

Después del reinado de Saúl, David se sentó en el trono. Su corazón buscó delante de Dios y anheló la restauración de su gloria a Israel. Pero esta gloria no fue manifestada en la misma forma que en tiempo de Moisés. No fue repentina y poderosa sino un proceso de restauración.

Este proceso comenzó años antes, con el profeta Samuel. Dios lo comisionó a preparar el camino, llamando al pueblo a que volviera su corazón a Dios. Su llamado fue el latido de todos los verdaderos profetas.

> *«Habló Samuel a toda la casa de Israel, diciendo: Si de todo vuestro corazón os volvéis a Jehová, quitad los dioses ajenos y a Astarot de entre vosotros, y preparad vuestro corazón a Jehová, y sólo a él servid, y os librará de la mano de los filisteos».*
>
> —1 Samuel 7:3

El honor que insultó a Dios

Una vez que David llegó al trono, tomó a Jerusalén derrotando los filisteos. Entonces buscó restaurar el arca en su lugar correcto. «Entonces David tomó consejo con los capitanes de millares y de centenas, y con todos los jefes» (1 Crónicas 13:1). Ellos debatieron acerca de juntar a todo Israel para este evento. «Y dijo toda la asamblea que se hiciese así» (v. 4).

Lea cuidadosamente lo que hicieron luego:

> *«Pusieron el arca de Dios sobre un carro nuevo, y la llevaron de la casa de Abinadab...»*
>
> —2 Samuel 6:3

¿De dónde tomaron los israelitas la idea de traer el arca a Jerusalén en «un carro nuevo»? ¿No fue exactamente la forma en que los filisteos regresaron el arca al territorio de Israel?

Ellos sacaron el arca de la casa de Abinadab, con dos hombres conduciendo el carro nuevo. «Y David y toda la casa de Israel danzaban delante de Jehová con toda clase de instrumentos...» (2 Samuel 6:5). Primera Crónicas 13:8 nos cuenta que ellos hicieron esto «con todas sus fuerzas». Pero mire lo que sucedió:

> *«Cuando llegaron a la era de Nacón, Uza extendió su mano al arca de Dios, y la sostuvo; porque los bueyes tropezaban.*
>
> *Y el furor de Jehová se encendió contra Uza, y lo hirió allí Dios por aquella temeridad, y cayó muerto junto al arca de Dios».*
>
> —2 Samuel 6:6, 7

La versión *Dios Habla Hoy* cambia la palabra *temeridad* por *atrevimiento*. En mi Biblia personal yo puse una nota, poniendo *irreverencia*. Otra traducción posible sería:

> *«... y lo hirió Dios por aquella irreverencia».*

¡Asombroso! Sólo una generación anterior, dos hombres cometían adulterio a las puertas del tabernáculo, con el arca adentro del mismo. Esta irreverencia era escandalosa y excedía largamente a esta otra, donde un hombre puso su mano para estabilizar el arca. Los sacerdotes inmorales no fueron inmediatamente juzgados, pero este hombre Uza sí lo fue. ¿Por qué? En el caso de los hijos de Elí, la gloria de Dios se había ido. Con Uza, estaba retornando. Mientras más fuerte es la manifestación de la gloria de Dios, mayor y más instantáneo será el juicio por irreverencia.

Miedo a Dios

A David, a sus líderes y al pueblo de Israel no les faltaba pasión. Hubo una gran preparación para la restauración del arca. Una vez que el arca estaba en terreno de Israel, la gente tocó música con todas sus fuerzas. Creían que estaban honrando a Dios al traer el arca en un carro nuevo. David mismo puso a dos hombres a conducir el carro. Entonces, usted puede comprender el shock de David cuando Dios hirió a uno de esos hombres.

El shock pronto se tornó en enojo. Tal vez David cuestionó:

«¿Por qué Dios hace esto? ¿Por qué no sólo ha menospreciado nuestro celo, sino que también lo ha rechazado con este juicio?» David pudo pensar: «He hecho todo lo que sé para honrar a Dios, ¡y mi mejor manera ha sido juzgada como inaceptable!»

Después de mucho pensar, el enojo se tornó en temor. Él llegó a estar miedoso de Dios (lo cual no es lo mismo que ser temeroso de Dios. Quienes le tienen miedo se apartan de Él, mas quienes le temen lo siguen. Veremos esto más tarde en este libro). David debe haber pensado: *«Si lo mejor de mí ha sido juzgado inaceptable, ¿de qué forma puede el arca venir a mí?»*

En cualquier tiempo que he experimentado frustración o enojo con el Señor, inmediatamente me he afirmado a mí mismo que es debido a mi ignorancia y falta de entendimiento, pues Dios es perfecto. He aprendido personalmente que uno puede ser tremendamente celoso, pero falto de conocimiento. El celo y la pasión que no son atemperados por el conocimiento y la sabiduría, siempre terminan metiéndonos en problemas. Además, he aprendido que es mi responsabilidad buscar el conocimiento que viene de Dios (Proverbios 2:1–5).

Responsabilidad desatendida

David estaba enojado con el Señor, aun cuando el juicio había sobrevenido por falta de conocimiento por parte de David y de sus líderes. Moisés dijo:

> *«Estos, pues, son los mandamientos, estatutos y decretos que Jehová vuestro Dios mandó que os enseñe, para que los pongáis por obra en la tierra a la cual pasáis vosotros para tomarla; para que temas a Jehová tu Dios...»*
>
> —Deuteronomio 6:1, 2

Moisés dio una directiva clara: para temer a Dios, debemos conocer y obedecer todos sus caminos sobre todas las cosas. Ese mandamiento no fue dado solamente para los hijos de Israel, sino que Dios también dio mandamientos específicos al rey.

> *«Y cuando se siente sobre el trono de su reino, entonces escribirá para sí en un libro una copia de esta ley, del original que está al cuidado de los sacerdotes levitas; y lo tendrá consigo, y leerá en él todos los días de su vida, para que aprenda a temer a Jehová su Dios...»*
>
> —Deuteronomio 17:18, 19

El rey estuvo leyendo la Palabra de Dios todos los días. ¿Por qué? La sabiduría y el honor de Dios serían establecidos en su corazón, por lo que él debería estimar a los caminos de Dios por sobre las ideas humanas. El error de David y de sus líderes podría haber sido evitado.

David y sus hombres se juntaron a debatir sobre cómo traerían el arca de regreso. No hay mención de que hayan consultado a la Palabra escrita de Dios que había sido dada por Moisés. Si David y los sacerdotes hubieran leído el consejo de la Palabra de Dios, se habrían dado cuenta de que los únicos que podían cargar el arca de Dios eran los levitas, y no en un carro, sino cargada mediante barras, y llevada sobre sus hombros (Éxodo 25:14; Números 4:15; 7:9). Esta falta de conocimiento causó que los israelitas fueran como los gentiles y su mundo en la forma en que llevaron la presencia del Señor. Los filisteos eran ignorantes al enviar el arca de regreso en un carro, pero Israel había sido instruido a través de los oráculos divinos, por lo tanto eran responsables. Su negligencia en buscar el consejo de Dios a través de su Palabra resultó en que la imagen de la gloria de Dios fue nuevamente reducida a la percepción del hombre corruptible. Esto fue porque los israelitas honraron a Dios con el mismo método que aquellos que no lo conocían. Copiaron al hombre, en lugar de recibir su inspiración de parte de Dios. Fueron cuidadosos, pero aun así Dios vio sus métodos como irreverentes.

¿Cuál es la fuente de nuestra inspiración?

Estamos cometiendo el mismo error hoy día. Con frecuencia nuestras ideas de ministerio son forjadas por comités humanos. Allí tomamos de lo bueno de nuestra propia y limitada sabiduría, aunando nuestros consejos, los cuales han sido inconscientemente influenciados por las tendencias culturales. Estas tendencias son correctas delante nuestro, y son de fácil acceso, más que esperar en Dios por la revelación de su voluntad. Aunque muchas ideas nuevas y frescas están apareciendo, ¿sabemos siempre de dónde viene nuestra inspiración? Hemos sustituido el conocimiento de Dios por las técnicas motivadoras elaboradas por hombres no regenerados. Estas tienen la habilidad de abrir y preparar el corazón de una persona. Considere la música cristiana contemporánea; tan popular hoy día—con frecuencia obtiene su inspiración de la música demoníaca del mundo. Si el mundo tiene rock pesado, ¡nosotros también! Si es rap, nosotros lo copiamos. Si el mundo tiene cierta clase de danza, la imitaremos. Si el mundo tiene un canal especial para música (MTV), nosotros también. Por supuesto, cambiaremos las palabras, pero el ritmo y la presentación serán los mismos. La lista puede seguir. En cada caso tratamos de copiar al mundo, y aun de hacerlo mejor. ¿Cuán lejos llegará esto? Si usted quiere predecir la nueva tendencia que tomará el ministerio musical, no ore—sólo encienda el canal de música secular (MTV) y mire lo que el mundo está haciendo. Entonces, ¿quién lidera a quién? Si somos honestos, lamentaremos que los hombres endemoniados han llegado a ser nuestros profetas. ¿Cómo hemos llegado a ser tan engañados?

Algunos pueden argumentar: «*¡Pero es que estamos haciendo música en la forma que ellos escuchan. A fin de alcanzar a los perdidos, ponemos la música en una forma en que los pecadores puedan recibirla!*» Esto puede ser verdad en unos pocos casos (de hecho, muy pocos). Sin embargo, he encontrado que la mayoría de la gente joven que escucha esta música es la que ya está en la Iglesia. Lo angustioso del hecho es que, muchas veces, esos son los mismos jóvenes adultos que bostezan en los tiempos verdaderos de adoración. Puesto que su carne está sobrestimulada por el mundo, esta juventud actualizada tiende a menospreciar las verdaderas cosas que más necesitan.

Es lamentable, pero muchas emisoras cristianas actuales se comunican con sus oyentes en la misma forma que lo hacen las seculares, tomando ideas de las mismas estaciones que se burlan de Dios. Algunos pueden argumentar: «*Les estamos dando a los cristianos una alternativa*» ¿Qué clase de discípulos estamos desarrollando a través de estas prácticas?

A la gente le gusta ser entretenida. El promedio americano mira 45 hs. de televisión a la semana, aproximadamente. Las iglesias han hecho la misma cosa que hace el mundo, a fin de atraer a la gente. Hemos aprendido cómo atraer a la gente, apelando a esa tendencia de querer ser «entretenidos». Con esta práctica, viene lo que muchos llaman «iglesias amigables» o «sensitivas». Habiendo predicado en algunas de estas iglesias, he encontrado que lo que llaman «sensitivo» es «insensible a Dios». Esas iglesias pueden atraer a grandes multitudes, pero ¿es válido hacerlo a expensas de ofender a Dios?

He hablado en iglesias que gastan anualmente miles de dólares para entretener a su gente. Sus jóvenes son entretenidos por juegos electrónicos, mesas de ping-pong, nintendos, etc. Luego, los líderes de la iglesia se preguntan por qué no hay un mover de Dios en el departamento de jóvenes, y están intrigados por el aumento de los embarazos entre las adolescentes. Los números en asistencia son altos, pero ¿dónde está el Espíritu de Dios manifestándose en estas vidas?

Esta inspiración cultural no está limitada solo al liderazgo, sino que también afecta a muchos creyentes. Veamos un ejemplo. Nuestra sociedad respeta la autoridad solamente cuando está de acuerdo con ella. Hay calcomanías en automóviles que proclaman: «Cuestiona la autoridad». Esto no se limita al mundo, sino que muchas iglesias han adoptado esa forma de pensar. Respetan y obedecen la autoridad solo si están de acuerdo con ella. ¡Casi se podría decir que el Reino de Dios ha llegado a ser una democracia! Es alarmante que esta actitud se extiende más allá de la autoridad delegada, y la gente honra a Dios con la misma indiferencia. Si a ellos les gusta lo que Él está haciendo en sus vidas, lo alabarán; si no, se quejarán.

La lista es sin fin. El tema es mucho de lo que hacemos al ministrar al Señor es inspirado por el mundo. ¿Qué haremos al final? ¿Cuáles llegarán a ser nuestros caminos?

En busca del conocimiento de Dios

Hay muchos que claman para que Dios restaure su gloria. Están orando por la lluvia tardía (Zacarías 10:1). Se hallan sujetos al proceso de purificación divina, y no se quejan cuando deben caminar a través de pruebas. No murmuran en el desierto por el que están caminando hacia la espiritualidad. Pronto se regocijarán, porque Dios no quita su gloria de aquellos que están hambrientos de Él.

Esta gente es un contraste a aquellos que persiguen la comodidad y el éxito. Otros están en el medio; buscan a Dios, pero, como David, el celo no es acompañado por el conocimiento. Buscan a Dios en su propia forma... en su propia sabiduría. Aún no han tomado consciencia de la gloria y la santidad de Aquel que desean.

No debemos ignorar las Escrituras que traen corrección, instrucción y ajustes, guiando a la santidad. Escuche las palabras de Oseas:

> *«Venid y volvamos a Jehová; porque él arrebató, y nos curará; hirió, y nos vendará. Nos dará vida después de dos días; en el tercer día nos resucitará, y viviremos delante de él».*
>
> —Oseas 6:1, 2

Este pasaje es una escritura profética que describe el refinamiento de Dios a su Iglesia, en preparación para su gloria. Él ha herido, pero sanará.

Un día con el Señor es como mil años de los nuestros (2 Pedro 3:8). Han pasado dos días enteros—dos mil años—desde la resurrección del Señor. Estamos a las puertas del avivamiento de Dios y la restauración de la gloria a su templo. El tercer día se refiere al tercer milenio (tercer día) del reinado de Cristo, cuando Él viva y reine entre nosotros. Oseas da más instrucciones acerca de cómo vivir y qué buscar mientras nos preparamos para su gloria:

> *«Y conoceremos, y proseguiremos en conocer a Jehová; como el alba está dispuesta a su salida, y vendrá a*

nosotros como la lluvia, como la lluvia tardía y tempra-
na a la tierra».

—Oseas 6:3

Oseas nos asegura que la gloriosa venida es tan real como la salida del sol a la mañana. Hay un tiempo acordado; estemos listos o no. Nuestra búsqueda está en el conocimiento del Señor. David y sus hombres estaban hambrientos por la presencia del Señor, pero les faltaba el conocimiento. Tal sabiduría hubiera evitado la muerte instantánea de Uza. Actualmente no es diferente. Se nos advierte:

«Hijo mío, si recibiereis mis palabras,
  y mis mandamientos guardares dentro de ti,
haciendo estar atento tu oído a la sabiduría;
  si inclinares tu corazón a la prudencia,
si clamares a la inteligencia,
  y a la prudencia dieres tu voz;
si como a la plata la buscares,
  y la escudriñares como a tesoros,
entonces entenderás el temor de Jehová,
  y hallarás el conocimiento de Dios».

—Proverbios 2:1-5

El camino de la vida ha sido hecho bien claro. Si alguien le hubiera dicho que en algún lugar escondido de su casa hay diez millones de dólares, usted buscaría sin parar, hasta encontrar esa fortuna oculta. De ser necesario, sacaría las alfombras, derribaría paredes y llegaría hasta los cimientos a fin de encontrar el dinero. ¡Cuánto más importantes son las palabras de vida!

Cuando tomamos nuestra inspiración del mundo, estamos trabajando en la sabiduría de los hombres y adivinadores. La reverencia a Dios, entonces, es enseñada por un mandamiento o directiva humana. Sin la búsqueda del conocimiento de Dios, nos encontraremos vez tras vez en la situación de Uza; llenos de buenas intenciones, pero ofensivos a la gloria de Dios.

Con la gloria de Dios creciendo gradualmente en los últimos días, habrá nuevos reportes de cosas sucediendo en forma similar a lo que ocurrió con Ananías y Safira. Esto no es ni el deseo de Dios ni es el propósito de la restauración de su gloria. Tal juicio es simplemente el producto de un respeto y una honra inapropiados a la grandeza de la gloria de Dios. Al grado que la gloria es revelada, tal será el grado de juicio ejecutado cuando ocurra que la gloria de Dios se encuentre con una irreverencia y falta de respeto.

Corazones arraigados

Mirando otra vez en el libro de Santiago, encontramos la misma advertencia:

> *«Por lo tanto, hermanos, tened paciencia hasta la venida del Señor. Mirad cómo el labrador espera el precioso fruto de la tierra, aguardando con paciencia hasta que reciba la lluvia temprana y la tardía.*
> *«Tened también vosotros paciencia, y afirmad vuestros corazones; porque la venida del Señor se acerca».*
> —Santiago 5:7, 8

Note que Santiago nos dice que seamos pacientes. La palabra griega realmente significa *resistir y no perder el corazón*. Entonces Santiago dice: «Arraiguen sus corazones». En otras palabras, «Pongan sus corazones en orden divino, y mantengan ese estado». Si no, nos encontraremos a nosotros mismos bajo el juicio de su gloria. Tanto Pablo como Pedro nos instruyen sobre cómo arraigar nuestros corazones.

«Por tanto, de la manera en que habéis recibido al Señor Jesucristo, andad en él; arraigados y sobreedificados en él, y confirmados en la fe, así como habéis sido enseñados, abundando en acciones de gracia».

—Colosenses 2:6, 7

Cuando la sumisión al señorío de Cristo nos estabiliza, entonces somos capaces de mantener lo que nos ha sido enseñado en las Escrituras, por el Espíritu. Pedro reafirma esto con:

«Por esto, yo no dejaré de recordaros siempre estas cosas, aunque vosotros las sepáis, y estéis confirmados en la verdad presente».

—2 Pedro 1:12

Pedro dice: «... no dejaré de recordaros siempre». Él conocía la importancia de estar arraigados en la verdad presente. Sabía por experiencia personal cuán fácil era deslizarse de la verdad. Siendo el discípulo que recibió la revelación de quién era Jesús, pocos meses después de eso negó que conocía al Mesías; él sabía lo que significaba salir del camino de la verdad.

No es suficiente buscar el conocimiento de Dios. Para continuar en él debemos vivirlo. Con demasiada frecuencia vivimos separados de lo que Dios hizo en el pasado, y nos perdemos de experimentarlo en el presente. Todavía citamos las Escrituras y hablamos un buen sermón, pero carecemos del hambre por sus caminos.

Debemos retornar a la naturaleza enseñable del primer amor. Cuando nos encontramos con Él por primera vez, podíamos leer nuestras Biblias y escuchar los sermones con gran expectación, ansiosos de que nuestro Señor, el objeto de nuestro amor, pudiera ser revelado en una mayor dimensión. Pero muy rápido comenzamos a deslizarnos en este tipo de actitud: «Veamos qué tiene de valor este ministro». El motivo escondido de nuestra actitud aquí es el evitar la verdad de la predicación, justificando nuestra apatía con: «Ya conozco eso». O: «Ya escuché todo eso antes». Otro síntoma de esa actitud es escuchar o leer extrayendo sólo lo que deseamos, en lugar de experimentar los caminos de Dios, y buscar por una revelación más profunda de su corazón. Somos advertidos:

> *«Por tanto, es necesario que con más diligencia atendamos a las cosas que hemos oído, no sea que nos deslicemos».*
> —Hebreos 2:1

Muchos se están deslizando en nuestras mismas iglesias porque no están anclados en el conocimiento de Dios. Han perdido el deseo de buscar el conocimiento de Dios. Los apóstoles y profetas previeron este deslizamiento, y diligentemente nos exhortaron a permanecer firmes, a fin de que pudiéramos tener gozo en el fin.

Es temeroso considerar qué sucedería cuando los corazones no están en orden. Muchos perderán la bendición de la gloria, mientras que otros caerán en juicio.

El tabernáculo davídico restaurado

Cuando David vio lo que le había sucedido a Uza, regresó a Jerusalén y, diligentemente, buscó el conocimiento de Dios. Tres meses después hizo una proclamación:

> *«Entonces dijo David: El arca de Dios no debe ser llevada sino por los levitas; porque a ellos ha elegido Jehová para que lleven el arca de Jehová, y le sirvan perpetuamente».*
> —1 Crónicas 15:2

Esta vez no había reunión de hombres para debatir. Una vez que David descubrió el consejo de Dios en la materia, lo puso firmemente en vigencia. Él citó a Israel y separó a los descendientes de Aarón y los levitas. Le dijo a esos sacerdotes:

> *«Vosotros que sois los principales padres de las familias de los levitas, santificaos, vosotros y vuestros hermanos, y pasad el arca de Jehová, Dios de Israel al lugar que le he preparado; pues por no haberlo hecho así vosotros la primera vez, Jehová nuestro Dios nos quebrantó, por cuanto no le buscamos según su ordenanza».*
>
> —1 Crónicas 15:12, 13

El orden adecuado para estos sacerdotes los llamaba a ser santificados, y dictaba la estructura externa y natural para llevar el arca: la presencia de Dios. Esta vez el arca fue traída a Jerusalén, al tabernáculo que David le había preparado, y una vez más la gloria de Dios fue devuelta a Israel. Nuestro propio orden para portar su presencia se encuentra en el seno del corazón. Es allí donde debemos prepararnos, puesto que Dios está por revelar su gloria de una forma como nunca antes lo hizo. Él declara:

> *«Mas tan ciertamente como vivo yo, y mi gloria llena toda la tierra».*
>
> —Números 14:21

Cuando Dios hizo esta declaración estaba afligido por el hecho de que su pueblo podía no quererlo u obedecerlo. La implicación es que vendrá un tiempo en el futuro cuando su pueblo le temerá y, por lo tanto, le será incondicional. Esos creyentes podrán manifestar su gloria porque serán el templo de ella. Más tarde Dios habló a través del profeta Isaías:

> *«Levántate, resplandece; porque ha venido tu luz, y la gloria de Jehová ha nacido sobre ti. Porque he aquí que*

tinieblas cubrirán la tierra, y oscuridad las naciones; mas
sobre ti amanecerá Jehová, y sobre ti será vista su gloria.
Y andarán las naciones a tu luz, y los reyes al resplandor
de tu nacimiento».

—Isaías 60:1-3

Note que Isaías dice «la gloria de Jehová ha nacido sobre ti».
Sin embargo, también hemos escuchado la gloria descrita como
la lluvia tardía. Dios me habló en oración y comparó la liberación
de su lluvia tardía al diluvio de Noé. La Biblia dice: «… aquel día
fueron rotas todas las fuentes del gran abismo, y las cataratas de
los cielos fueron abiertas» (Génesis 7:11). Su gloria restaurada se
levantará en aquellos que se han preparado para Él, y caerá sobre
las naciones del mundo. Ninguna ciudad quedará sin ser afectada
por la lluvia tardía de su Espíritu.

Dios dice que su gloria será restaurada a su pueblo, y aun los
no creyentes serán atraídos a su luz. Amós dice:

«En aquel día, yo levantaré el tabernáculo caído de David,
y cerraré sus portillos y levantaré sus ruinas, y lo edifica-
ré como en el tiempo pasado».

—Amós 9:11

La gloria de Dios será restaurada a la Iglesia, y excederá la
gloria que tuvo en los días de David. Santiago citó dicho pasaje
a los líderes de la Iglesia, y lo aplicó a los últimos días, diciendo:

«Simón ha contado cómo Dios visitó por primera vez a
los gentiles, para tomar de ellos pueblo para su nombre.
Y con esto concuerdan las palabras de los profetas, como
está escrito: Después de esto volveré y reedificaré el taber-
náculo de David, que está caído; y repararé sus ruinas,

y lo volveré a levantar, para que el resto de los hombres busque al Señor, y todos los gentiles sobre los cuales es invocado mi nombre, dice el Señor, que hace conocer todo esto desde tiempos antiguos».

—Hechos 15:14-18

Santiago vio por el Espíritu esta gran cosecha de creyentes viniendo al Reino, con la restauración de su gloria. Él habla proféticamente pero no completa el mensaje de Amós, por lo cual se aplica a nuestro tiempo. Veamos cómo se completa el mensaje de Amós:

«He aquí vienen días, dice Jehová, en que el que ara alcanzará al segador, y el pisador de las uvas al que lleve la simiente; y los montes destilarán mosto, y todos los collados se derretirán».

—Amós 9:13

Dios dice que la cosecha será tan abundante que el segador estará tan ocupado que no podrá terminar antes de que el que ara venga a preparar el campo para la nueva estación.

Digámoslo simplemente: Dios está describiendo una cosecha tan abundante que será abrumadora. ¡Gloria a Dios! Esté atento a ese día, por su acercamiento tan rápido. El tiempo es corto. No resista el trabajo de purificación de Dios, ni menosprecie el conocimiento de Dios.

Mientras escribo este libro, estoy muy consciente de su importancia y oportunidad. Es un clamor del Espíritu exhortando a la Iglesia. Su mensaje es: «Prepare el camino del Señor, haciendo que su gente esté lista para su gloria». Mientras Dios restaura su gloria, nos permite ser sabios y aprender de David y sus hombres. Esos eventos fueron registrados para algo más que meros propósitos históricos. Se nos dice:

«Porque las cosas que se escribieron antes, para nuestra enseñanza se escribieron».

Romanos 15:4

Ahora hemos puesto el fundamento para entender los tiempos; es hora de ir en pos de la importancia de aprender a caminar en el temor del Señor.

11

La habilidad de ver

«¡Quién diera que tuviesen tal corazón, que me temie-
sen y guardasen todos los días todos mis mandamientos,
para que a ellos y a sus hijos les fuese bien para siempre!»
—Deuteronomio 5:29

Con frecuencia escuchamos mensajes derivados de la primera carta de Pablo a la iglesia de Corinto. Este libro de la
Biblia es frecuentemente mencionado, en especial por los
carismáticos.

La iglesia de Corinto fue fundada aproximadamente en el año
51 d. C. (muchos años después del día de Pentecostés), y era muy
abierta a —y por lo tanto grandemente beneficiada por— los dones
espirituales. La unción del Espíritu Santo era muy fuerte entre de
sus miembros, sin gran diferencia de muchas iglesias actuales.

La segunda epístola de Pablo al cuerpo de la iglesia en Corinto
no es citada tan frecuentemente como la primera. Esta contiene
un gran énfasis en el orden divino, el temor del Señor y la subsi-
guiente restauración de su gloria. Si leemos en su contexto, sostiene un fuerte y entusiasta mensaje para los creyentes de hoy en día.

Mientras examinamos una porción de ella, tengamos en cuenta que fue escrita a gente que no era extraña a la unción y a la frecuente operación de los dones espirituales.

La gloria del Antiguo Pacto *versus* la del Nuevo Pacto

En ambas cartas a los corintios, Pablo se refiere con frecuencia a la huida de los hijos de Israel de Egipto, y a la revelación de la gloria de Dios a ellos. Su experiencia nos concierne; debido a todo lo que les sucedió a los israelitas, en un sentido natural son tipos y símbolos de lo que nosotros podemos experimentar en el campo del Espíritu. Pablo enfatizó esto:

> «Y estas cosas les acontecieron como ejemplo, y están escritas para amonestarnos a nosotros, a quienes han alcanzado los fines de los siglos».
>
> —2 Corintios 10:11

La primera carta de Pablo a ellos trata con muchos elementos fundamentales del orden divino para el corazón en el pueblo de Dios. Su segunda carta fue aun más profunda. Llegó a hablar del deseo de Dios por reavivar su gloria y habitar en el corazón de su gente. Pablo comienza comparando la gloria de Dios en el desierto con la revelada en el Nuevo Pacto.

En contraste, escribe:

> «Y si el ministerio de muerte grabado con letras en piedras fue con gloria, tanto que los hijos de Israel no pudieron fijar la vista en el rostro de Moisés a causa de la gloria de su rostro, la cual había de perecer, ¿cómo no será más bien con gloria el ministerio del espíritu?»
>
> —2 Corintios 3:7, 8

En el monte Moisés contempló la forma del Señor y habló con Él tal como un hombre habla con su amigo. Cuando bajó de la montaña cubrió su cara, porque el brillo en ella asustaba a la gente. El aspecto de Moisés reflejaba que había estado en la presencia de —la gloria de— Dios.

En el Nuevo Pacto el plan de Dios no es para que *reflejemos* su gloria, sino para que su gloria *sea vista en nosotros*. Una cosa es que reflejemos algo, y otra que ese algo more en nosotros y lo emitamos. Esta es la meta final de Dios. Por eso Pablo puede decir:

«*Porque aun lo que fue glorioso no es glorioso en este aspecto, en comparación con la gloria más inminente*».
—2 Corintios 3:10

Aun pensando que la gloria del Antiguo Pacto no se compara con la del Nuevo, la del Antiguo todavía es tan asombrosa que Pablo reitera: «…para que los hijos de Israel no fijaran la vista en el fin de aquello que había de ser abolido» (v. 13). Pero luego es rápido en lamentarse:

«*Pero el entendimiento de ellos se embotó*».
—2 Corintios 3:14

¡Qué trágico que ellos no pudieran ver la misma cosa que necesitaban tan desesperadamente! Pablo nos advierte para que no nos encontremos nosotros mismos ciegos y en el mismo dilema.

Entonces, debemos preguntar: «¿De qué manera estaban ciegas sus mentes?» La respuesta contiene el conocimiento y la sabiduría que nos falta desesperadamente. Esa clase de pérdida es necesaria a fin de que caminemos en la gloria de Dios. Para obtener nuestra respuesta debemos regresar al contexto en que Pablo hablaba:

El temor de Dios *versus* tenerle miedo

Israel acababa de abandonar Egipto, y había sido guiado por Moisés hasta el monte Sinaí, donde Dios revelaría su gloria.

> *«Y Jehová dijo a Moisés: Vé al pueblo y santifícalos hoy y mañana; y laven sus vestidos, y estén preparados para el día tercero, porque al tercer día Jehová descenderá a ojos de todo el pueblo sobre el monte Sinaí».*
>
> —Éxodo 19:10, 11

Este mensaje era profético, por eso también nos habla a nuestros días. Antes de que Dios manifestara su gloria, el pueblo debía santificarse a sí mismo. Esto incluía lavar sus ropas. Recuerde que un día con el Señor son mil de nuestros años. Estamos a casi 2000 años (dos días) desde la resurrección del Señor Jesucristo. Dios dijo que durante esos 2000 años (dos días) su Iglesia sería consagrada, es decir, se apartaría a sí misma del mundo, en preparación para su gloria. Nuestras vestimentas debían ser limpiadas de la suciedad del mundo (2 Corintios 6:16; 7:1). Nos convertiríamos en su esposa, sin mancha. Después de los 2000 años, Él nuevamente manifestaría su gloria.

Leamos ahora el recuento de lo que sucedió en la mañana del tercer día:

> *«Aconteció que al tercer día, cuando vino la mañana, vinieron truenos y relámpagos, y espesa nube sobre el monte, y sonidos de bocina muy fuerte; y se estremeció todo el pueblo que estaba en el campamento. Y Moisés sacó del campamento al pueblo para recibir a Dios; y se detuvieron al pie del monte. Todo el monte Sinaí humeaba, porque Jehová había descendido sobre él en fuego; y*

el humo subía como el humo de un horno, y todo el monte se estremecía en gran manera».

—Éxodo 19:16-18

Dios se manifestó no solo visualmente sino también por la voz y los sonidos. Cuando Moisés habló, Dios le contestó al oído de todos. Actualmente, Dios es mencionado con frecuencia como «el amigo», con poco respeto, casi como refiriéndose a un compañero del mismo nivel. Si pudiéramos visualizar aquello que Moisés y los hijos de Israel vieron, tendríamos un significativo cambio en el punto de vista. Él es el Señor, ¡y no ha cambiado! Lea cuidadosamente la reacción del pueblo cuando Dios vino:

«Todo el pueblo observaba el estruendo y los relámpagos, y el sonido de la bocina, y el monte que humeaba; y viéndolo el pueblo, temblaron, y se pusieron de lejos. Y dijeron a Moisés: Habla tú con nosotros, y nosotros oiremos; pero no hable Dios con nosotros, para que no muramos. Y Moisés respondió al pueblo: No temáis; porque para probaros vino Dios, y para que su temor esté delante de vosotros, para que no pequéis».

—Éxodo 20:18-20

Note que el pueblo tembló y retrocedió. No querían oír más la voz audible de Dios. Tampoco querían mirarlo ni estar en la presencia de su gloria; eran incapaces de soportarlo.

Moisés inmediatamente les dijo: «No temáis...» Animándolos a que regresaran a la presencia de Dios, mientras les explicaba que Dios había venido para probarlos.

¿Por qué nos prueba Dios? ¿Para encontrar lo que hay en nuestros corazones? Absolutamente, no. Él ya conoce lo que hay allí. Nos prueba para que *nosotros* podamos saber lo que hay en nuestros corazones. ¿Cuál era el propósito de la prueba presentada a los israelitas? Para que ellos supieran si temían o no al Señor. Si lo temían, no pecarían. El pecado siempre resulta en que nos alejemos de Él.

Moisés dice: «No temáis…» Luego afirma que Dios ha venido «… para que su temor esté delante de vosotros». Este versículo marca una distinción entre el «tener miedo» de Dios y el temerlo. Moisés temía a Dios, pero no el pueblo. Es una verdad infalible que si no tememos a Dios, le tendremos miedo a la revelación de su gloria; por eso toda rodilla se doblará ante Él, si no es por temor santo, lo será por terror (Filipenses 2:10, 11).

> «*Entonces el pueblo estuvo a lo lejos, y Moisés se acercó a la oscuridad en la cual estaba Dios*».
>
> —Éxodo 20:21

Mire la diferencia en las reacciones a la gloria manifestada de Dios. Israel se alejó, pero Moisés se acercó. Esto ilustra las diferentes respuestas de los creyentes hoy día.

Similar en muchas formas

Es importante que nos demos cuenta de que los israelitas no eran tan diferentes a nuestra iglesia actual.

- Todos salieron de Egipto, lo cual tipifica la salvación.
- Todos experimentaron y se beneficiaron con los milagros de Dios, como muchos en la iglesia actual.
- Todos ellos experimentaron la liberación de sus opresores, la cual muchos han experimentado en la iglesia actual.
- Aún deseaban su viejo estilo de vida, si les hubiera sido posible tenerlo sin las ataduras esclavizantes. ¡Cuán frecuentemente vemos esto en la iglesia de hoy día! La gente

es salvada y liberada, pero aun así nunca dejan el estilo de vida del mundo, aunque ese estilo de vida lo guíe a la esclavitud.

- Ellos experimentaron la riqueza del pecador que Dios había guardado para los justos. La Biblia registra: «Los sacó con plata y oro…» (Salmo 105:37). ¡Pero ellos usaron esa bendición para construir un ídolo! ¿Hemos hecho lo mismo hoy día? Hemos escuchado de milagros financieros, y con frecuencia aquellos que han sido bendecidos terminan confiriendo su afecto y sus fuerzas a las bendiciones materiales y financieras, en lugar de darlos al Señor que los bendijo.

- Ellos experimentaron el poder sanador de Dios, porque cuando dejaron Egipto la Biblia registra: «… y no hubo en sus tribus enfermo» (Salmo 105:37). Esto fue mejor que las grandes cruzadas de milagros. Moisés dejó 3.000.000 de personas fuertes y saludables. ¿Puede imaginarse una ciudad de 3.000.000 de habitantes sin ningún enfermo o gente en el hospital? Los israelitas habían servido bajo trabajo forzoso por 400 años. ¡Imagine las sanidades y milagros que deben haber tenido lugar mientras comían el cordero pascual!

Los israelitas no eran extraños a la salvación, la sanidad, las obras milagrosas y el poder libertador de Dios. De hecho, celebraban apasionadamente cualquier mover milagroso que Dios hacía en su favor. Danzaban y oraban de manera muy parecida a lo que hacemos en nuestras iglesias carismáticas, o servicios de milagros (Éxodo 15:1, 20). Es interesante notar que los israelitas eran atraídos a sus manifestaciones milagrosas, porque se beneficiaban de ellas, ¡pero se asustaban y se alejaban cuando la gloria era revelada!

¿Cuán diferentes somos hoy día? Todavía somos atraídos a sus milagros. La gente viajará kilómetros y dará grandes ofrendas, deseando recibir una doble porción de Dios en los servicios de milagros. Pero, ¿qué sucederá cuando la gloria de Dios es revelada? Entonces los corazones serán expuestos en su gloriosa presencia. Podemos vivir sin que el pecado sea detectado alrededor de los milagros, pero no puede esconderse de la luz de su gloria revelada.

Qué fue lo que cegó al pueblo

Cuarenta años más tarde, las generaciones más viejas habían muerto en el desierto, y Moisés revistó una nueva generación de aquella que había estado en el monte cuando Dios revelara su gloria.

> *«Y aconteció que cuando vosotros oísteis la voz de en medio de las tinieblas, y visteis al monte que ardía en fuego, vinisteis a mí, todos los príncipes de vuestras tribus, y vuestros ancianos, y dijisteis: He aquí Jehová nuestro Dios nos ha mostrado su gloria y su grandeza, y hemos oído su voz de en medio del fuego; hoy hemos visto que Jehová habla al hombre, y éste aun vive. Ahora, pues, ¿por qué vamos a morir? Porque este gran fuego nos consumirá; si oyéremos otra vez la voz de Jehová nuestro Dios, moriremos… acércate tú, y oye todas las cosas que dijere Jehová nuestro Dios; y tú nos dirás todo lo que Jehová nuestro Dios te dijere, y nosotros oiremos y haremos».*
> —Deuteronomio 5:23-27

Ellos clamaron: «No podemos acercarnos a su gloriosa presencia o estar parados en medio de Él, y vivir». Querían que Moisés escuchara por ellos, ¡y prometieron escucharlo y hacer cualquier cosa que Dios dijera que debían hacer! Intentaron vivir por este patrón a través de miles de años, pero no pudieron obedecer sus palabras. ¿Cuán diferente es en la actualidad? Recibimos la Palabra de Dios de nuestros pastores y predicadores, pero, ¿extraemos de la montaña de Dios? ¿Tenemos miedo de escuchar su voz que deja al desnudo la condición de nuestros corazones? Esta condición del corazón no es diferente a la de los hijos de Israel.

Moisés estaba muy disgustado con la reacción de Israel. No podía entender su falta de hambre por la presencia de Dios. ¿Cómo podían ser tan necios? ¿Cómo podían estar tan ciegos? Moisés trajo sus preocupaciones delante de Dios, deseando un remedio para esta situación. Pero vea lo que sucedió:

> *«Y oyó Jehová la voz de vuestras palabras cuando me hablabais, y me dijo Jehová: He oído la voz de las palabras de este pueblo, que ellos te han hablado; bien está todo lo que han dicho».*
> —Deuteronomio 5:28

Estoy seguro que Moisés quedó en shock con la respuesta de Dios. Debe haber pensado: «*¡¿Qué…?! ¡¿El pueblo estaba en lo correcto?! Al fin por una vez están en lo correcto! ¿Ellos realmente no pueden venir a la presencia de Dios? ¿Por qué?*» Dios interrumpió sus pensamientos con la respuesta:

> *«¡Quién diera que tuviesen tal corazón, que me temiesen y guardasen todos los días todos mis mandamientos, para que a ellos y a sus hijos les fuese bien para siempre!»*
> —Deuteronomio 5:29

Dios se lamentó: «Oh, si ellos tuvieran tal corazón, que me temieran…» ¡Todos ellos podrían haber sido como Moisés, reflejando la gloria de Dios y conociendo sus caminos, si hubieran tenido corazones temerosos de Dios, tal como Moisés lo tenía! No obstante, sus corazones permanecieron oscuros y sus mentes ciegas a las mismas cosas que tan desesperadamente necesitaban.

¿Qué los cegó? La respuesta es clara: no tenían corazones que temieran al Señor. Esto era evidente por su desobediencia a los mandamientos y a la Palabra de Dios. Si comparamos a Moisés con los hijos de Israel, encontraremos que la diferencia era que uno temía al Señor y los otros no.

Temblando ante la Palabra de Dios

La persona que teme al Señor tiembla ante su Palabra y presencia (Isaías 66:2; Jeremías 5:22). ¿Qué significa templar ante su Palabra? Puede ser resumido en una declaración:

Obedecer de buena gana a Dios, aun cuando parezca más ventajoso transigir o desobedecer su Palabra.

Nuestros corazones deben estar firmemente establecidos en el hecho de que Dios es bueno. No es un abusador de hijos. Alguien que teme al Señor sabe esto, porque conoce el carácter de Dios. Es precisamente por eso que él o ella se acercará a Dios, aun cuando otros se alejen por el pánico.

Esa persona sabe que cualquier dificultad presente o porvenir encontrada en las manos de Dios, finalmente tendrá un buen fin. La mayoría puede estar mentalmente de acuerdo con esto, sin embargo, es en los tiempos de prueba o dificultad cuando *lo que verdaderamente creemos* es claramente revelado. Solo entonces apreciaremos lo que en verdad es nuestra fe, al pasar por el fuego de las pruebas.

La prueba dura que Israel debió enfrentar expuso el contenido de sus corazones. Examinemos sus diferentes reacciones a la Palabra de Dios. Los hijos de Israel obedecieron la Palabra de Dios mientras veían los beneficios inmediatos para ellos. Pero en el momento en que sufrieron, o ya no podían ver los beneficios, perdieron de vista a Dios y se quejaron amargamente.

Durante siglos Israel había orado y clamado para ser liberado de su opresor egipcio. Deseaba regresar a la tierra de la promesa. Dios les envió un libertador: Moisés. El Señor le dijo a Moisés: «Y he descendido para librarlos de mano de los egipcios, y sacarlos de aquella tierra a una tierra buena y ancha, a tierra que fluye leche y miel» (Éxodo 3:8).

Moisés fue delante del faraón y proclamó las palabras de Dios: «Deja que su pueblo se vaya». Pero el faraón respondió incrementando el trabajo forzoso. A partir de ese momento no se les proveería a los esclavos israelitas más paja para la abrumadora cantidad de ladrillos que debían fabricar. Deberían recogerla por la noche y fabricar por el día. El número total de ladrillos no disminuiría, aun cuando ya no se les proveería más paja. La palabra de libertad de Dios había aumentado su sufrimiento. Ellos se quejaron bajo esta opresión, y dijeron a Moisés: «Déjanos solos, y déjate de predicarle al faraón; estás complicando nuestra vida».

Cuando finalmente Dios los liberó de Egipto, el corazón del faraón fue endurecido nuevamente, y persiguió a los israelitas con sus mejores carros y guerreros. Cuando los hebreos vieron que los egipcios se habían lanzado en carrera contra ellos, y que ellos estaban atrapados por el Mar Rojo, nuevamente se quejaron. «¿No es esto lo que te hablamos en Egipto, diciendo: Déjanos servir a los egipcios? Porque *mejor nos fuera* servir a los egipcios, que morir nosotros en el desierto» (Éxodo 14:12, énfasis agregado).

Note las palabras «mejor nos fuera». En esencia, estaban diciendo: «¿Por qué debemos obedecer a Dios, cuando sólo está haciendo que nuestras vidas sean miserables? Estamos peor, no mejor». Fueron rápidos en comparar su anterior estilo de vida con su condición presente. Aun cuando las dos opciones era incomparables, ellos querían volver. Preferían la comodidad sobre la obediencia a la voluntad de Dios. ¡Oh, cómo habían perdido el temor de Dios! No temblaban ante su Palabra.

Dios separó el mar y los hijos de Israel cruzaron sobre tierra seca, viendo cómo sus opresores eran sepultados. Celebraron la bondad de Dios, y danzaron y oraron delante de Él. ¡Estaban seguros de que nunca más dudarían de su bondad! Pero no conocían sus propios corazones. Otra prueba se levantaría y, nuevamente, expondría su falta de fe. Sólo tres días después se quejarían nuevamente de que no querían agua amarga sino dulce. (Ver Éxodo 15:22–25.)

¿Cuán a menudo hacemos lo mismo? Queremos palabras suaves y placenteras, cuando es lo amargo lo que realmente necesitamos para limpiarnos de nuestras impurezas. Es por eso que Salomón dijo: «Pero al hambriento todo lo amargo es dulce» (Proverbios 27:7).

Habían pasado unos pocos días, y nuevamente los hijos de Israel se quejaron por la falta de comida. Ellos dijeron: «Ojalá hubiéramos muerto por mano de Jehová en la tierra de Egipto» (Éxodo 16:1–4). ¿Puede ver cuán religiosamente se estaban comportando?

Nuevamente se quejaron por la falta de agua dulce (Éxodo 17:1–4). Ves tras vez se quejaron, cualquiera fuera el momento en que enfrentaban una nueva dificultad. Mientras todo fuera bien para ellos, guardaban la Palabra de Dios, pero si la obediencia significaba tiempos duros, rápidamente se quejaban.

Un corazón diferente

Moisés era muy diferente. Su corazón había sido probado mucho tiempo antes. Se nos dice:

«Por la fe Moisés, hecho ya grande, rehusó llamarse hijo de la hija de Faraón, escogiendo antes ser maltratado con el pueblo de Dios, que gozar de los deleites temporales del pecado, teniendo por mayores riquezas el vituperio de

Cristo que los tesoros de los egipcios; porque tenía puesta la mirada en el galardón».

—Hebreos 11:24–26

Los hijos de Israel no eligieron su cautiverio. Moisés tenía la opción de vivir en medio de lo mejor y lo más fino que el mundo podía ofrecer, pero lo rechazó todo para sufrir la aflicción con el pueblo de Dios. Esta actitud fue totalmente diferente a la de los israelitas. Ellos querían volver a Egipto—el mundo—habiéndose olvidado rápidamente de la opresión. Sólo recordaban que habían tenido fiestas con aquellas cosas que ahora le faltaban en el desierto de la prueba de Dios. Moisés eligió la prueba, «… porque tenía puesta la mirada en el galardón». ¿Qué galardón buscaba? La respuesta se encuentra en Éxodo 33:

«Jehová dijo a Moisés: Anda, sube de aquí, tú y el pueblo que sacaste de la tierra de Egipto, a la tierra de la cual juré a Abraham, Isaac y Jacob, diciendo: A tu descendencia la daré; y yo enviaré delante de ti el ángel, y echaré fuera al cananeo y al amorreo, al heteo, al ferezeo, al heveo y al jebuseo (a la tierra que fluye leche y miel); pero no subiré en medio de ti, porque eres pueblo de dura cerviz, no sea que te consuma en el camino».

—Éxodo 33:1–3

Dios le dijo a Moisés que fuera y llevara al pueblo a la tierra que les había prometido, exactamente la misma que había estado esperando cientos de años para ser heredada. Dios hasta le prometió a Moisés la escolta de un ángel escogido; sin embargo, Él no los acompañaría.

Pero Moisés rápidamente respondió: «Si tu presencia no ha de ir conmigo, no nos saques de aquí» (Éxodo 33:15).

Me alegro de que la opción de entrar a la Tierra Prometida sin Dios no fue presentada ante los hijos de Israel. Si fueron capaces de escoger una vida cómoda en Egipto en lugar de Dios, seguramente hubieran escogido la Tierra Prometida sin Él. ¡Probablemente hubieran partido de inmediato, sin pensarlo dos veces! Pero Moisés no fijó su vista en la Tierra Prometida, por lo que su respuesta fue diferente.

Él dijo: «¡La promesa no es nada sin tu presencia!» Él rechazó la oferta de Dios, porque su recompensa era la presencia de Dios. Piense en la posición en que se encontraba Moisés cuando respondió: «No nos saques de aquí». ¿Qué era aquí? ¡El desierto!

Moisés vivió bajo las mismas condiciones que el resto de Israel. No fue dotado con capacidades sobrehumanas que lo eximían de las pruebas duras que experimentaba el resto del pueblo. Tuvo sed y hambre en la misma forma que ellos; aun así nunca se lo ve en medio de quejas junto a otros. Se le ofreció una «salida» de ese sufrimiento, y la oportunidad de ir a la tierra de sus sueños, pero la rechazó.

Uno de los métodos que Dios usa para probarnos es el hacernos una oferta que Él espera que rechacemos. La oferta puede prometernos inicialmente un gran éxito, pero, ¿a qué precio? Hasta puede parecer que nuestro ministerio se expandirá y crecerá más. Pero en lo profundo de nuestros corazones sabemos que esa elección podría ir en contra de los deseos verdaderos de Dios. Solo aquellos que tiemblan ante su Palabra podrán elegir aquello que parece menos beneficioso.

En 2 Reyes 2, Elías le dice a Eliseo tres veces que se quedara y no continuara con él. Cada orden fue una prueba. Para Eliseo hubiera sido más fácil quedarse, pero Eliseo insistió: «Vive Jehová, y vive tu alma, que no te dejaré» (2 Reyes 2:2). Él sabía que su recompensa celestial era más importante que su comodidad temporal.

Parecido en el exterior, diferente en su interior

Por la apariencia externa, o física, no había diferencia entre Moisés y los hijos de Israel; todos eran descendientes de Abraham. Todos habían dejado Egipto mediante la intervención milagrosa del poder de Dios. Todos ellos estaban en condiciones de heredar las promesas de Dios. Todos profesaban conocer y servir a Jehová. La diferencia estaba escondida, oculta, en el interior de sus corazones. Moisés tenía a Dios; por lo tanto percibía el corazón y los caminos de Dios. Pero a causa de que los hijos de Israel no tenían a Dios, estaban cegados y con su entendimiento oscurecido.

No es diferente hoy día. El cristianismo ha llegado a ser casi un club. Usted recuerda de qué se trataba el club al cual usted pertenecía cuando era niño, ¿verdad? Usted se unía al club porque quería pertenecer. En la seguridad de un club usted estaba unido a los otros miembros porque había un interés o causa común. Se sentía bien el ser parte de algo mayor que uno mismo. El club estaba detrás suyo y le daba un sentido de seguridad.

Hay muchos que profesan ser cristianos y que no le temen a Dios más que aquellos que nunca han puesto un pie en la iglesia. Como miembros seguros de clubes cristianos, ¿de qué debiéramos tener miedo? De hecho, los demonios tiemblan más que algunos en la Iglesia. Santiago le advierte a aquellos que profesan salvación —pero que carecen del temor del Señor—: «Tú crees que Dios es uno; bien haces. También los demonios creen, y tiemblan» (Santiago 2:19).

Esas personas se sientan en nuestras iglesias, trabajan en nuestros equipos de ministerio, y predican desde los púlpitos. Provienen de todos los estratos de la vida; desde las pandillas hasta la farándula. Confiesan salvación y aman las promesas de Dios, pero son cortos de vista y —como los hijos de Israel— no le temen a Dios.

Judas lo previó en aquellos días, advirtiendo que a nuestras iglesias asistirían gentes quienes profesarían ser salvos por la gracia de Dios, en razón de su membresía en los «clubes cristianos». Ellos asistirían a las reuniones de creyentes y participarían sin temor, todo el tiempo sirviéndose a ellos mismos (Judas 12).

En Mateo 7:21–23 Jesús dice que había quienes sacarían fuera demonios y harían otras maravillas, en su nombre, llamándolo a Él como «Señor» y «Salvador», aunque negándose a vivir en obediencia a la voluntad de Dios. Jesús describe esta condición como «la cizaña creciendo en medio del trigo». Usted no puede diferenciar fácilmente entre el trigo y la cizaña. Tal como con Israel, el fuego de la gloriosa presencia de Dios manifestará finalmente lo que hay en cada corazón. Esta será la condición de la Iglesia al tiempo de ingresar en la estación de la cosecha (Mateo 13:26).

Malaquías profetizó que en esos últimos días Dios enviría una voz profética—tal como lo hizo con Samuel, Moisés y Juan el Bautista—para preparar a su pueblo para su gloria. Puede que no sea uno sino muchos mensajeros proféticos. Ellos se levantarán con tal unidad de propósito que podrán hablar como un solo hombre, llamando a aquellos que están engañados a regresar con todo su corazón al Señor.

Entonces el orden divino será restaurado en los corazones del pueblo de Dios. Esos profetas no son mensajeros de juicio sino de misericordia. A través de ellos el Señor llama a los suyos a escapar del juicio. Malaquías registra:

> «He aquí, yo envío mi mensajero, el cual preparará el camino delante de mí; y vendrá súbitamente a su templo…¿Y quién podrá soportar el tiempo de su venida? ¿o quién podrá estar en pie cuando él se manifieste? Porque él es como fuego purificador, y como jabón de lavadores».
>
> —Malaquías 3:1-2

Malaquías no está describiendo el arrebatamiento de la Iglesia. Está diciendo que el Señor vendrá *a su* templo, no para su templo. Oseas dijo que después de 2000 años el Señor vendría a nosotros, su templo, como la lluvia tardía. Esto habla de su gloria manifestada. Malaquías, entonces, pregunta: «¿Y quién podrá soportar el tiempo de su venida?» Ambos profetas confirman que este evento no es el mismo que el llamado «Arrebatamiento de la Iglesia».

Malaquías responde a su propia pregunta presentando dos resultados de la gloriosa presencia de Dios. Primero, es el refinar y purificar a aquellos que lo temen (vs. 3, 16, 17). Segundo, juzgará a los corazones de aquellos que *dicen* que le sirven, pero que en realidad *no lo temen*. (3:5; 4:1). Una vez ocurrida la purificación, nos dice:

«Entonces os volveréis y discerniréis la diferencia entre el justo y el malo, entre el que sirve a Dios y el que no le sirve».
—Malaquías 3:18

Antes que la gloria sea manifestada usted no podrá distinguir a aquel que verdaderamente sirve a Dios de aquel que meramente lo hace «de labios». La hipocresía no puede esconderse a la luz de la gloria de Dios. La mentalidad de «club» finalmente se acabará. Esto prestará un mejor entendimiento de la fuerte advertencia de Jesús a los creyentes del Nuevo Testamento:

«Mas os digo, amigos míos: No temáis a los que matan el cuerpo, y después nada más pueden hacer, pero os enseñaré a quién debéis temer: Temed a aquel que después de haber quitado la vida, tiene poder de echar en el infierno; sí, os digo, a éste temed».
—Lucas 12:4, 5

El temor de Dios nos guarda del camino destructivo del engaño. Moisés dijo que el temor de Dios en los corazones de su pueblo

es la fortaleza para caminar libres del pecado (Éxodo 20:20).
Salomón escribió: «... y con el temor de Jehová los hombres se
apartan del mal» (Proverbios 16:6). Jesús advirtió a los creyentes
por un propósito específico, y lo precedió con una advertencia
acerca de la engañosa trampa de la hipocresía:

> *«Porque nada hay encubierto, que no haya de descubrir-*
> *se; ni oculto, que no haya de saberse».*
>
> —Lucas 12:2

Cuando cubrimos o escondemos el pecado para proteger nuestras
reputaciones, ponemos un velo sobre nuestros corazones. Equivoca-
damente pensamos que este velo nos hace aparecer puros, cuando
realmente no lo somos. Eso, finalmente, nos guía a la hipocresía.
Entonces, ya no sólo engañamos a otros sino también a nosotros
mismos. (Ver 2 Timoteo 3:13). Como los hijos de Israel, estamos
cegados y no podemos ver.

El temor de Dios es nuestra única protección de la hipocresía.
Entonces no esconderemos al pecado en nuestros corazones, porque
le temeremos a Dios más que a las opiniones de cualquier hombre
mortal. Nos importará más lo que Dios piensa de nosotros que lo
que los hombres piensen. Nos importarán más los deseos de Dios
que nuestra comodidad temporal. Estimaremos su Palabra como
de mayor valor que la de los hombres. ¡Volveremos nuestros corazones al Señor! Y Pablo dice:

> *«Pero cuando se conviertan al Señor, el velo se quitará».*
>
> —2 Corintios 3:16

12

De gloria en gloria

«Pero cuando se conviertan al Señor, el velo se quitará».
—2 Corintios 3:16

¡Qué promesa poderosa! ¡Cuando nos volvemos al Señor, cualquier velo que nos impedía contemplar la gloria de Dios es quitado!

Antes de seguir adelante, quiero enfatizar la total implicación y el significado de este pasaje. Necesitamos calificar esta declaración, porque a menudo el impacto total de lo que Pablo está diciendo puede perderse en la nube de nuestra «mentalidad de club cristiano».

Jesús hizo una alarmante pregunta; una que con frecuencia salteamos y pasamos por alto hoy en día. Él preguntó: «¿Por qué me llamáis, Señor, Señor, y no hacéis lo que yo digo?» (Lucas 6:46). La palabra griega para «señor» es *kurios*. Significa «supremo en autoridad». También implica la connotación de «dueño».

El Señor es el Creador, Gobernador y Dueño del universo. Como suprema autoridad, ubicó al hombre en el jardín, dándole autoridad delegada. El hombre giró de esta autoridad delegada hacia

Satanás (Lucas 4:6). En la cruz, Jesús redimió lo que estaba perdido. Ahora tenemos opción. Podemos abandonar totalmente nuestras vidas al señorío de Jesús, o retenerlas y permanecer atrapados bajo el dominio de un mundo perdido y moribundo. No hay una tercera opción; no hay nada en el medio.

Cuando no tememos a Dios ni lo honramos como Señor, estamos reteniendo una parte del control de nuestras vidas. Podemos confesarlo como Señor, pero nuestra irreverencia se hace clara por los frutos de nuestras vidas. Si tememos a Dios nos rendiremos completamente a su autoridad como Rey y Señor. Esto le permite poseernos completamente y sin restricciones. Nos convertimos en sus siervos.

Pablo, Timoteo, Santiago, Pedro y Judas, todos se refirieron a sí mismos en sus epístolas como siervos (ver Romanos 1:1; Colosenses 4:12; Santiago 1:1; 2 Pedro 1:1; Judas 1). Un siervo se da libremente a sí mismo al servicio, como pago de una deuda. No es un esclavo comprado, porque este no tiene elección. El ser siervos, en nuestro caso, es voluntario. Servimos por amor, confianza y temor reverencial a Dios. Deseosamente, entregamos el dominio incondicional de nuestras vidas a Él.

Es por esto que Pablo pudo enfrentar valerosamente las cadenas, tribulaciones y pruebas que lo esperaban en cada ciudad. Pudo decir con determinación: «Ahora, he aquí, ligado yo en espíritu, voy a Jerusalén...» (Hechos 20:22). ¿Obligó el Señor a Pablo? ¡Absolutamente no! Pablo entendió que por cumplir la voluntad de Dios podría sufrir. Pero eligió los deseos de Dios antes que su propia comodidad. Había dado libremente el dominio total e incondicional de su vida a Jesús.

Pablo se refiere a las pruebas extremas que podía encontrar, con estas palabras: «Pero de ninguna cosa hago caso, ni estimo preciosa mi vida para mí mismo, con tal de que acabe mi carrera con gozo...» (Hechos 20:24). Él estaba comprometido, no importaba el costo. Solamente la combinación de nuestro amor a Dios y el temor santo hacia Él nos permitirá responder a su señorío en forma total. Este es el mandamiento requerido para todos aquellos que lo siguen (Lucas 14:25–33).

Cuando Jesús preguntó: «¿Por qué me llamáis, Señor, Señor, y no hacéis lo que yo digo?», Él estaba realmente diciendo: «No se engañen a ustedes mismos por que me llamen Señor, mientras continúan viviendo sus vidas como si ustedes fueran los dueños».

El velo de la decepción

La vida del rey Saúl ejemplifica este concepto. Dios envió a Saúl un mandamiento a través del profeta Samuel. Saúl fue instruido que debía reunir a su ejército y atacar a Amalec, destruyendo completamente todo lo que respirara—cada hombre, mujer, niño y animal.

Saúl no rechazó las instrucciones de Samuel con un «¡No!» absoluto, siguiendo la dirección opuesta. Esto hubiera sido una obvia desobediencia. En lugar de eso, escuchó, reunió a su ejército y atacó a Amalec. En ese ataque decenas de miles de hombres, mujeres y niños fueron muertos. Saúl le perdonó la vida sólo al rey amalecita. Tal vez porque quería otro rey como trofeo, que le sirviera en su palacio.

Miles de animales fueron muertos también. No obstante, Saúl salvó unos pocos de los mejores corderos, ovejas y ejemplares del ganado mayor. Razonó que el pueblo podría sacrificar esos animales al Señor, y que hasta sería «escritural». Para un observador que no había escuchado la voz del profeta, Saúl podría haber aparecido como un buen rey. «¡Mira, sacrifica sólo lo mejor al Señor!»

Después de esta campaña, Dios habló a Samuel: «Me pesa haber puesto por rey a Saúl, porque se ha vuelto de en pos de mí, y no ha cumplido mis palabras» (1 Samuel 15:11).

Al día siguiente Samuel fue a confrontar a Saúl. Cuando este lo vio venir lo saludó entusiasmado: «Bendito seas tú de Jehová; yo he cumplido la palabra de Jehová» (1 Samuel 15:13).

¡Espere un minuto! ¡Esa no era, definitivamente, la impresión de Dios! Acabamos de leer su opinión. ¿Qué sucedió aquí? ¿Cómo puede haber tan diferentes puntos de vista sobre el mismo incidente? ¿Saúl realmente creía que había obedecido a Dios? ¿Cómo podría haber semejante variación? Santiago lo explica:

«*Pero sed hacedores de la palabra, y no tan solamente oidores, engañándoos a vosotros mismos*».

—Santiago 1:22

Cuando escuchamos la Palabra de Dios y no la hacemos, ¡engañamos a nuestros propios corazones! Así es como algunos pueden pensar que realmente están obedeciendo a Dios, cuando en realidad están actuando en desobediencia. ¡Esto es algo serio y temible! El engaño vela el corazón y obstruye la verdad. Cuanto más desobedece una persona, más grueso y cegador se convierte el velo, haciendo más difícil su remoción.

Déjeme reiterarle algunos puntos importantes. Primero, Saúl no se paró firme, rechazando lo encomendado; él fue. Segundo, mató decenas de miles de personas, salvándole la vida sólo a uno. Mató a casi todos los miles de animales. Probablemente hizo el 99% de lo que se le había dicho que hiciera. ¡Aun así, Dios tuvo su casi completa obediencia como una *rebelión*! (v. 23).

Hoy podríamos decir: «Está bien, fue un buen esfuerzo». Hasta podemos defender a Saúl, señalando: «Después de todo, hizo *casi todo*. Denle el crédito por lo que *hizo* bien. ¿Por qué señalar las cosas que no hizo? ¡Miren todo lo que sí hizo! No sean tan duros con el pobre Saúl».

A los ojos de Dios, la obediencia parcial o selectiva es lo mismo que la rebelión a su autoridad. ¡Es la evidencia de una falta de temor de Dios!

Cierta vez estaba yo en Canadá, preparándome para ministrar. Estábamos en medio de la adoración y alabanza, cuando el Espíritu del Señor me hizo esta pregunta: «¿Sabes lo que es el espíritu religioso?»

Aunque yo había escrito y predicado sobre los espíritus religiosos y cómo operaban, sabía que mi formación era limitada. Había aprendido que cada vez que Dios me hacía una pregunta, no es que estuviera buscando información. Le contesté: «No, Señor; por favor, dímelo».

Él respondió rápidamente: «Una persona con un espíritu religioso es aquella que usa mi Palabra ¡para ejecutar su propia voluntad!» En otras palabras, es cuando tomamos lo que el Señor ha dicho y lo conformamos a nuestros propios deseos.

Quedé asombrado por la sabiduría impartida por el Espíritu de Dios. Apliqué esto a la situación con Saúl. Pude ver cómo él había dicho lo que se le había ordenado, pero agregó sus propios deseos en ellos. El corazón de Dios no era su foco. Había visto una oportunidad para beneficiarse y fortalecer así su posición ante el pueblo, y lo hizo. ¿Es esto el señorío? ¿Es eso temblar ante la Palabra de Dios? El temor del Señor nos guardará de comprometer la verdad de Dios por perseguir nuestras ganancias personales. Entonces obedeceremos la Palabra de Dios, no importa el costo.

¿En qué espejo se está mirando?

Nuevamente, aquí están las palabras de Santiago:

> «*Pero sed hacedores de la palabra, y no tan solamente oidores, engañándoos a vosotros mismos. Porque si alguno es oidor de la palabra pero no hacedor de ella, éste es semejante al hombre que considera en un espejo su rostro natural.*
>
> *Porque él se considera a sí mismo, y se va, y luego olvida cómo era*».
>
> —Santiago 1:22, 24

Santiago usa este ejemplo natural para ilustrar lo que realmente sucede en el espíritu cuando no nos sometemos al señorío de Cristo. Cuando no temblamos ante su Palabra con incondicional obediencia, es como mirarnos a nosotros mismos en un espejo y luego irnos, olvidando cómo éramos. Podemos ver mientras estamos ante el espejo, pero tan pronto como nos fuimos, nos olvidamos, pensando que estábamos ciegos.

Esto explica por qué la gente puede leer, escuchar y aun predicar la Palabra de Dios, pero vivir como aquellos que no la conocen. Hay un pequeño cambio en sus vidas. Virtualmente, ninguna transformación ha tomado lugar. El salmista describe la condición de aquellos que han concurrido a la casa de Dios y escuchado su Palabra, pero que permanecen sin cambios. Él dice: «Por cuanto no cambian, ni temen a Dios» (Salmo 55:19).

Estas personas confiesan haber sido salvas, pero permanecen sin cambios por el poder de Dios. Son impiadosos, desagradecidos, sin amor, desobedientes, no perdonadores, y exhiben otras características que no los hacen diferentes de aquellos que nunca han escuchado la Palabra de Dios. Probablemente ellos no fuman, no beben ni juran como los paganos en las calles, pero en su interior las motivaciones son las mismas: egoístas. Pablo describe la condición de ellos como de aprendizaje continuo, pero nunca capaces de aplicar el conocimiento de la verdad. Han sido engañados (2 Timoteo 3:1–7, 13).

En el desierto los hijos de Israel padecieron la ceguera de un corazón velado. El velo fue llamado *engaño*. Escucharon la Palabra de Dios y vieron su gran poder, aun así permanecieron casi iguales. Su falta de temor santo causó que sus ojos espirituales fueran oscurecidos.

Sin verdadero arrepentimiento, este velo se engrosará hasta el punto de la ceguera total. Sus corazones estaban cegados, en correspondencia a las personas que habían llegado a ser. Mientras celebraban la liberación de Egipto (el mundo), perdieron contacto con los propósitos de Dios, y retrocedieron—y hasta se agazaparon—cuando la gloriosa Presencia fue revelada. Lo mismo puede sucedernos a nosotros si no atendemos las advertencias de Dios.

Pablo nos dice lo que sucederá cuando estamos sometidos al señorío de Jesús, temiendo su presencia y temblando ante su Palabra:

> *«Pero cuando se conviertan al Señor, el velo se quitará. Porque el Señor es el Espíritu; y donde está el Espíritu del Señor, allí hay libertad. Por tanto, nosotros todos, mirando a cara descubierta como en un espejo la gloria del Señor, somos transformados de gloria en gloria en la misma imagen, como por el Espíritu del Señor».*
>
> —2 Corintios 3:16-18

Como Santiago, Pablo usa la analogía de mirar en un espejo. Lo que vemos no es una imagen natural, sino la misma gloria de Dios, la cual es vista en el rostro de Jesucristo (2 Corintios 4:6). Esta imagen es revelada a nuestros corazones cuando no sólo escuchamos su Palabra, sino también cuando somos obedientes para hacerla. Santiago confirma esto:

> *«Mas el que mira atentamente en la perfecta ley, la de la libertad, y persevera en ella, no siendo oidor olvidadizo, sino hacedor de la obra, éste será bienaventurado en lo que hace».*
>
> —Santiago 1:25

Jesús es la perfecta ley de libertad. Él es la viviente y revelada Palabra de Dios. Juan nos dice: «Porque tres son los que dan testimonio en el cielo: el Padre, el Verbo y el Espíritu Santo; y estos tres son uno» (1 Juan 5:7).

Cuando buscamos diligentemente a Jesús, permanecemos atentos a su Palabra bajo el liderazgo del Espíritu Santo, y obedecemos lo que es revelado, nuestros ojos permanecen limpios y sin velo. ¡Entonces podemos percibir su gloria!

Recuerde: el deseo de Dios para nosotros es ¡que contemplemos su gloria! Él se lamentó cuando Israel no pudo estar parado ante su gloriosa presencia, debido a su falta de temor santo. ¡Solo aquellos con corazones sin velo pueden contemplarlo!

Mientras contemplamos su gloria en el espejo de su Palabra revelada, somos cambiados a su imagen por el Espíritu de Dios. ¡Gloria a Dios! Ahora puede entender la urgencia que sentía el escritor de la carta a los hebreos:

> *«Por tanto, es necesario que con más diligencia atendamos a las cosas que hemos oído, no sea que nos deslicemos».*
> —Hebreos 2:1

Hay un alto llamado para cada creyente: ser conformados a la gloriosa imagen de Jesucristo (Filemón 3:14; Romanos 8:29). Pero si no somos diligentes en obedecer la Palabra de Dios, inconscientemente nos deslizaremos de su curso, trazado para nosotros. ¿Puede imaginarse queriendo manejar un vehículo, pero con los ojos tapados? Usted puede poner en marcha el automóvil, pero inmediatamente dejará el camino hacia su destino. Usted no puede ver por dónde va si está con los ojos cubiertos. La obediencia a la Palabra de Dios mantendrá sus ojos descubiertos.

La luz que guía todo nuestro ser

Somos cambiados en lo que contemplamos. Si hay un velo sobre nuestros ojos espirituales, entonces nuestra imagen de Jesús es distorsionada. En nuestras mentes, su imagen toma la forma de un hombre corruptible, en lugar del Dios incorruptible que realmente es. Entonces vemos sus caminos por la oscura luz de la cultura en la cual vivimos. Es por esto que Israel, aunque experimentó poderosos milagros y manifestaciones, rápidamente se encontraron a ellos mismos comportándose como las naciones que no conocían al Señor. Él dijo:

> *«La lámpara del cuerpo es el ojo; así que, si tu ojo es bueno, todo tu cuerpo estará lleno de luz; pero si tu ojo es maligno, todo tu cuerpo estará en tinieblas. Así que, si la luz que en ti hay es tinieblas, ¿cuántas no serán las mismas tinieblas?».*
>
> —Mateo 6:22, 23

La lámpara que da dirección a nuestros cuerpos (nuestro ser) es la vista. Esa imagen de la lámpara habla no solo de la vista física sino también del corazón (Efesios 1:18). Nuestro entero ser sigue su percepción y dirección. Si nuestros ojos contemplan la palabra viva de Dios (Hebreos 6:5), nuestro entero ser es lleno con la luz de la naturaleza de Dios (1 Juan 1:5). Somos transformados continuamente en esa luz de verdad; estamos seguros y no nos deslizaremos del curso.

Jesús continuó diciendo que los ojos enfocados en el mal inundarían al ser entero en la naturaleza de las tinieblas. Eso describe la oscuridad del corazón de un no creyente.

Pero mire más de cerca a esta última declaración: «Así que, si la luz [la cual es tu percepción de Jesús] que en ti hay es tinieblas, ¿cuántas no serán las mismas tinieblas?» (Mateo 6:23). Esta declaración no es hecha a un no creyente, sino a alguien que conoce la Palabra de Dios. La luz está en él. Jesús está diciendo que si nuestra percepción es oscurecida o velada debido a la falta de temor santo, esta oscuridad será mayor que la que rodea a aquellos que nunca han visto o escuchado la verdad. (Ver Judas 12, 13; Lucas 12:47, 48.)

Volvamos a las palabras de Dios a aquellos quienes dicen conocerlo, pero que carecen del temor de Él: «Pero al malo dijo Dios: ¿Qué tienes tú que hablar de mis leyes, y que tomar mi pacto en tu boca? Pues tú aborreces la corrección y echas a tu espalda mis palabras» (Salmo 50:16, 17). Esos son aquellos que confiesan su creencia en su Palabra, pero la luz que está en ellos permanece grandemente oscurecida. Con los ojos velados, ven a Dios tal como se ven a sí mismos, en lugar de verlo como quien realmente es. Dios dice: «Estas cosas hiciste, y yo he callado; pensabas que de cierto sería yo como tú...» (v. 21).

Trabajando tu salvación

Pedro nos anima al decirnos que Dios «nos ha dado preciosas y grandísimas promesas, para que por ellas llegaseis a ser participantes de la naturaleza divina, habiendo huido de la corrupción que hay en el mundo a causa de la concupiscencia» (2 Pedro 1:4). ¡Participantes de la naturaleza divina! ¡Qué promesa!

Él explica que el cumplimiento de su promesa será tanto condicional como progresiva, por eso dice: «Tenemos también la palabra profética más segura, a la cual hacéis bien en estar atentos como una antorcha que alumbra en lugar oscuro, hasta que el día esclarezca y el lucero de la mañana salga en vuestros corazones» (2 Pedro 1:19). La condición: estar atentos. La progresión: mientras temblemos y obedezcamos, la luz de su gloria crecerá. Comienza como la fuerza del amanecer y continúa de gloria en gloria, hasta que brilla como el sol en su cenit. Proverbios 4:18 nos dice: «Mas la senda de los justos es como la luz de la aurora, que va en aumento hasta que el día es perfecto». En el día perfecto brillaremos como el sol, para siempre (Mateo 13:43). ¡No *reflejaremos* su gloria; sino que la *emitiremos*! ¡Aleluya!

Mientras contemplamos la gloria de Dios en el espejo de su Palabra revelada, seremos «transformados [cambiados] de gloria en gloria en la misma imagen». Eso describe el proceso que la Biblia llama «trabajando nuestra salvación». Pablo da instrucciones específicas sobre esto a los filipenses. Mientras lee sus instrucciones, tome en cuenta que si estas mismas instrucciones hubieran sido atendidas por Israel, ellos habrían evitado el horrible destino de morir en el desierto.

> *«Por tanto, amados míos, como siempre habéis obedecido, no como en mi presencia solamente, sino mucho más ahora en mi ausencia, ocupaos en vuestra salvación con temor y temblor, porque Dios es el que en vosotros produce así el querer como el hacer, por su buena voluntad».*
> —Filipenses 2:12, 13

Sé que esta es una carta de Pablo a los filipenses, pero representa una carta del Señor a nosotros. Toda la Escritura es dada por la inspiración del Espíritu Santo, y no hay interpretación privada.

Debemos leer este versículo pensando que Dios nos los dijo personalmente. Antes de seguir adelante, lea Filipenses 2:12, 13 en esta luz.

Estos versículos ilustran cómo el temor de Dios nos fortalece para obedecerlo, no sólo en su presencia sino también en la ausencia de su presencia. La Escritura describe dos diferentes aspectos de la presencia de Dios. Primero está su omnipresencia. En palabras simples, *Dios está en todos lados.* David describe esto: «¿A dónde me iré de tu espíritu? ¿Y a dónde huiré de tu presencia? Si subiere a los cielos, allí estás tú; y si en el Seol hiciere mi estrado, he aquí, allí tu estás» (Salmo 139:7, 8). Esta es la presencia que Él prometió que nunca nos dejaría o abandonaría (Hebreos 13:5).

Segundo, hay una presencia tangible —o manifestada— de Dios. Esto es cuando su presencia llega a ser real a nosotros en este mundo natural. Sentimos con frecuencia su amor durante los servicios; su tibieza mientras alabamos; su poder mientras oramos.

Es fácil obedecer a Dios en esos tiempos, cuando nuestras oraciones acaban de ser contestadas, sus promesas cumplidas y el gozo abunda. Pero una persona que teme a Dios es aquella que puede obedecerlo aun en los tiempos duros, cuando no hay una presencia tangible de Dios para animarla.

Un inquebrantable temor de Dios

Consideremos a José, bisnieto de Abraham. En un sueño, Dios le mostró que sería un gran líder, ¡gobernando aun sobre sus hermanos! Pero, ¿qué sucedió inmediatamente después de recibir esa promesa? Sus hermanos eran quienes tenían la autoridad, se pusieron celosos y lo tiraron en un pozo. Muchos hoy día pueden preguntarse asombrados ante una situación similar: «¿Cómo Dios permitió todo eso? ¿Fue ese sueño sólo una gran humorada?» Luego podrían llegar a estar ofendidos con Dios. Esa ofensa sería otra manifestación de su carencia de temor santo. No obstante, no encontramos registro de las quejas de José.

Estos mismos hermanos vendieron a José como esclavo a una nación extranjera. Él sirvió en la casa de Potifar —un adorador de ídolos— por más de diez años. ¡Por más de diez años! Cada día, el sueño que había tenido de parte de Dios le debe haber parecido como lejano y fútil Hoy día, la mayoría de nosotros iríamos más allá de solo cuestionar a Dios; después de diez años nos habríamos rendido. Aun así, todavía no encontramos evidencia de las quejas de José. Él no abandonó su deseo, no olvidó su sueño ni cayó en desánimo. Él temió a Dios.

En contraste, los hijos de Israel se condescendían a ellos mismos con quejas y lamentos. La paciencia de José duró por diez años de esclavitud, mientras la paciencia de los israelitas se agotó después de unos pocos meses. Actualmente muchos de nosotros nos quejamos cuando nuestras oraciones no son contestadas dentro de unas pocas semanas. ¡Qué diferentes somos de José, ¿cierto?!

Él estaba solo en una tierra pagana, aislado de todo lo que había tenido, conocido y amado. No tenía comunión con creyentes. No había hermano en el cual confiar. En esta situación de soledad, la esposa de su señor intentó seducirlo. Vestida en sedas y perfumada con los aceites más finos de Egipto, la esposa de Potifar le suplicaba diariamente que se acostara con ella.

Amo la forma en que José demostró su temor de Dios. Aunque había experimentado pruebas y desilusiones, no se rindió a la mujer. Si hubiera perdido su temor santo y estuviera ofendido con Dios, habría perdido la fuerza para enfrentar la tentación. Él rechazó a la esposa de Potifar: «¿Cómo, pues, haría yo este grande mal, y pecaría contra Dios?» (Génesis 39:9).

La obediencia de José hacia Dios lo llevó a los calabozos del faraón. A esta altura, ¿cuántos todavía elegirían creer y obedecer a Dios? Muchos caerían presa de las profundas garras de la amargura. (Ver Hebreos 12:15.) José permaneció en prisión por más de dos años. Aun así, todavía no encontramos evidencia de sus quejas, o de que estuviera amargado. Aun en la oscuridad de la prisión y confinado a cadenas, ¡José continuó temiendo a Dios! Ninguna desilusión podía volver su corazón de Dios.

Lo que es más poderoso es que en todo su dolor, José ministraba a sus compañeros de prisión. Durante las pruebas, él los confortaba hablándoles de Jehová.

La queja: el freno a la transformación

Los descendientes de José fueron muy diferentes. Ellos obedecían cuando sus deseos eran satisfechos, y cuando Dios manifestaba su maravilloso poder a su favor. Cada vez que se sentían desanimados o abandonados, pronto caían en desobediencia. El primer síntoma de esa caída venía siempre en forma de queja.

Aquellos que están ofendidos con Dios, generalmente no son tan tontos como para oponerse directamente a Él. En lugar de eso, resisten su Palabra o su liderazgo. Los hijos de Israel se quejaron de sus líderes. Pero Moisés contestó: «… vuestras murmuraciones no son contra nosotros, sino contra Jehová» (Éxodo 16:8).

La queja es un asesino. Eso causará un cortocircuito a la vida de Dios en usted, ¡más rápido que casi cualquier otra cosa! Las quejas indirectamente le comunican al Señor: «No me gusta lo que estás haciendo en mi vida. Y, yo en tu lugar, lo haría diferente».

La queja no es nada más que una manifestación de insubordinación a la voluntad de Dios. ¡Es extremadamente irreverente! ¡Dios la odia! José temía al Señor, y nunca se quejó. Es por eso que el Señor nos amonesta:

> *«… ocupaos en vuestra salvación con temor y temblor, porque Dios es el que en vosotros produce así el querer como el hacer, por su buena voluntad. Haced todo sin murmuraciones ni contiendas».*
>
> —Filipenses 2:12-14

Dios nos advierte severamente que no permitamos a la queja hacer raíces en nuestros corazones. No hemos sido abandonados ante este intenso ataque. El temor del Señor es una fuerza dentro nuestro que nos guardará de ese asesino. Proverbios confirma esto:

> *«El temor de Jehová es manantial de vida para apartarse de los lazos de la muerte».*
>
> —Proverbios 14:27

José vivió en un desierto espiritual por más de doce años. Parecía que nada estaba ocurriendo en su camino. No había nada que lo fortaleciera o animara. Pero había una fuente de la cual José sacaba—una profunda en su interior. Esta fuente le proveyó la fortaleza que necesitaba para obedecer a Dios en los tiempos secos y duros. ¡Era el temor de Dios!

Él era capaz de evitar las trampas del odio, las ofensas, los celos, resentimientos, enojos y adulterio, a través de las aguas de vida de esa fuente. Cuando otros hubieran caído en las trampas de la muerte, José era capaz de regresar y ministrar a otros —aun en las horas oscuras.

José era sabio en su comportamiento porque temía a Dios. «El temor de Jehová es enseñanza de sabiduría» (Proverbios 15:33). Aquellos que temen a Dios son sabios. Daniel señaló:

«Los entendidos resplandecerán como el resplandor del firmamento; y los que enseñan la justicia a la multitud, como las estrellas a perpetua eternidad».

—Daniel 12:3

José aprobó la última prueba de su corazón, dándose a sí mismo y declarando la fidelidad de Dios en las horas más oscuras. No pasó mucho tiempo en que su sabiduría le permitiera resplandecer brillantemente en Egipto. Su virtud no pudo ser escondida, sino que fue revelada a una nación pagana entera.

Interesantemente, fue el comportamiento de José mientras estaba en prisión y su respuesta a los otros prisioneros lo que finalmente lo llevaría a ser promovido. En Génesis 40 leemos que el jefe de los coperos y el jefe de los panaderos del faraón estaban entre los prisioneros. Ambos habían tenido sueños, los cuales habían sido interpretados por José. Este proclamó el significado del sueño al copero:

«Y le dijo José: Esta es su interpretación: los tres sarmientos son tres días.

Al cabo de tres días levantará faraón tu cabeza, y te restituirá a tu puesto, y darás la copa a faraón en tu mano, como solías hacerlo cuando eras su copero».

—Génesis 40:12, 13

Pero para el panadero la interpretación no fue tan buena:

> *«Entonces respondió José y dijo: Esta es su interpretación: Los tres canastillos tres días son. Al cabo de tres días quitará faraón tu cabeza de sobre ti, y te hará colgar en la horca, y las aves comerán tu carne de sobre ti».*
> —Génesis 40:18, 19

Si hubiera habido una pizca de queja en el corazón de José, él no podría haber ministrado ni al copero ni al panadero. Si no les hubiera ministrado, habría permanecido en prisión hasta su muerte.

En sus momentos finales, José todavía habría estado murmurando acerca de lo que parecía ser la infidelidad de Dios, cuando en realidad la promesa de Dios podría haber sido abortada a causa de la falta de temor santo de José. Pero Dios fue fiel en libertar a José de las cadenas de la prisión. A un tiempo determinado, fue citado por el mismo faraón para interpretar un sueño, nada menos que por recomendación del jefe de los coperos. Y una nación entera fue liberada por causa de que un hombre —José— temía al Señor.

En la última mitad del siglo XX la Iglesia ha manifestado la falta de temor de Dios. Por eso somos visto como rezongones en lugar de ser estrellas brillando delante de una nación en necesidad. Frecuentemente nuestros pecados son transmitidos por televisión, y hemos perdido el respeto que los creyentes deben tener. No hemos demostrado la fidelidad y el temor de Dios, cualidades encontradas en José. ¡Que Dios nos ayude con su gracia!

Brillando hacia de su gloria

Job fue otro hombre que sufrió grandemente. Él también fue dolorosamente probado. Trató de encontrarle sentido a sus sufrimientos, pero cayó en desesperación. Sus amigos vinieron a consolarlo, pero sus palabras no ayudaron, y solo agregaron a la confusión de Job. Él buscó la sabiduría, pero esta lo eludió. Dios estaba en silencio mientras Job y sus amigos compartían sus estériles intentos para entender los caminos de Dios. Él esperó hasta que todas las opiniones se agotaran. Envió un predicador con sabiduría llamado Eliú. Pero antes que eso:

> *«Entonces respondió Jehová a Job desde un torbellino, y dijo: ¿Quién es ése que oscurece el consejo con palabras sin sabiduría? Ahora ciñe como varón tus lomos; yo te preguntaré, y tú me contestarás. ¿Dónde estabas tú cuando yo fundaba la tierra? Házmelo saber, si tienes inteligencia».*
>
> —Job 38:1-4

Dios siguió explicando hasta que Job quedó sobrecogido por la asombrosa sabiduría, el entendimiento y la fuerza de Dios. Job fue abrumado con temor santo y clamó:

> *«Yo conozco que todo lo puedes, y que no hay pensamiento que se esconda de ti. ¿Quién es el que oscurece el consejo sin entendimiento?*
>
> *Por tanto, yo hablaba lo que no entendía; cosas demasiado maravillosas para mí, que yo no entendía … de oídas te había oído; mas ahora mis ojos te ven. Por tanto me aborrezco, y me arrepiento en polvo y ceniza».*
>
> —Job 42:2-6

Job temió a Dios. Él vio a Dios. Fue transformado. Su dolor físico y su pérdida no disminuyó, pero un gran sentido de temor santo había sido impartido. Ese temor contenía la sabiduría que Job necesitaba. Así como José había ministrado en su dolor y sus heridas, Job se volvió y ministró a los otros.

«Y quitó Jehová la aflicción de Job, cuando él hubo orado por sus amigos; y aumentó al doble todas las cosas que habían sido de Job...y murió Job viejo y lleno de días».
—Job 42:10, 17

Job brilló con gran sabiduría y fortaleza como nunca antes. Mucha gente hoy día continúa extrayendo de su dolor y sabiduría. Podemos ver por qué Dios nos advierte fuertemente:

«Hacer todo sin murmuraciones [contra Dios] ni contiendas [entre ustedes mismos]».
—Filipenses 2:14

¿Qué es lo que nos da la habilidad para caminar libre de estos asesinos?: el temor de Dios. Cuando tememos a Dios, nuestros corazones son develados. Mientras contemplamos su gloria somos transformados a la imagen que contemplamos.

«Para que seáis irreprensibles y sencillos, hijos de Dios sin mancha en medio de una generación maligna y perversa, en medio de la cual resplandecéis como luminares en el mundo; asidos de la palabra de vida...»
—Filipenses 2:15, 16

La llamada Biblia Amplificada, dice así:

«Ustedes son vistos como luces brillantes (estrellas o lumbreras brillando claramente) en el [oscuro] mundo».

¡Gloria a Dios para siempre! Nosotros, los que tememos a Dios, somos continuamente conformados a su imagen, hasta llegar a brillar como luces resplandecientes en un oscuro mundo. Eso describe la asombrosa gloria que su fiel Iglesia debiera emitir en los últimos días.

En los capítulos previos vimos cómo esa transformación puede intensificarse en nosotros hasta que la gloria de Dios se manifieste tan fuertemente, que los pecadores serán conducidos a Cristo por nuestra luz. Reviendo lo que Isaías dijo, encontramos:

> *«Levántate, resplandece; porque ha venido tu luz, y la gloria de Jehová ha nacido sobre ti. Porque he aquí que tinieblas cubrirán la tierra, y oscuridad las naciones; mas sobre ti amanecerá Jehová, y sobre ti será vista su gloria. Y andarán las naciones a tu luz, y los reyes al resplandor de tu nacimiento».*
> —Isaías 60:1-3

Dios manifestará su gloria en esta tierra. Él ya nos ha dicho cómo lo hará. «Y glorificaré la casa de mi gloria» (Isaías 60:7). La casa de su gloria es su pueblo, su templo, aquellos de nosotros que lo temamos y amemos. Zacarías previó la gloria de Dios levantándose sobre su pueblo, y dijo:

> *«Así ha dicho Jehová de los ejércitos: En aquellos días acontecerá que diez hombres de las naciones de toda lengua, tomarán del manto a un judío, diciendo: Iremos con vosotros, porque hemos oído que Dios está con vosotros».*
> —Zacarías 8:23

Zacarías no usó la terminología que usamos hoy día, por lo que no pudo decir que cada hombre se agarraría de las mangas de cada cristiano. Él vio nuestro día y lo describió en sus propios términos. Lo que es más exitante es que nos estamos acercando rápidamente a esos días. ¡Aleluya!

13

Amistad con Dios

«La comunión íntima de Jehová es con los que le temen, y a ellos hará conocer su pacto».

—Salmo 25:14

Ahora hablaremos sobre lo que creo es la faceta más excitante de caminar en el temor de Dios. Es el deseo de cada verdadero creyente. Es la única cosa que nos traerá siempre realización duradera. Es el motivo de Dios para la Creación y el propósito en la redención, es el foco mismo de su corazón y el tesoro reservado para aquellos que le temen. Como introducción, volvamos a la sabiduría de Salomón:

«El principio de la sabiduría es el temor de Jehová»

—Proverbios 1:7

¿El conocimiento de qué? ¿Se está refiriendo a un conocimiento científico? No, muchos científicos exaltan al hombre y no tienen temor de Dios. ¿Se está refiriendo este versículo a un logro político o social? No, porque los caminos del mundo son necios para

Dios. ¿Es el conocimiento de las Escrituras? No, porque aunque los fariseos eran expertos en la Ley, ellos ofendían a Dios. Nuestra respuesta se encuentra en Proverbios 2:5: «Entonces entenderás el temor de Jehová, y hallarás el conocimiento de Dios». Déjeme ponérselo en términos simples. Usted llegará a conocer a Dios íntimamente. El salmista confirma esto, diciendo:

> «*La comunión íntima de Jehová es con los que le temen*».
> —Salmo 25:14

El temor del Señor es el punto de partida de una íntima relación con Dios. La intimidad es una relación de dos vías. Por ejemplo, conozco *acerca* del presidente de mi país. Puedo hacer una lista de sus logros y posición política, pero, en realidad, *no lo conozco*. Carezco de una relación personal con él. Quienes son parte de la familia inmediata del presidente y los amigos cercanos *lo conocen*. Si estuviéramos en la misma habitación, yo podría reconocerlo rápidamente, pero él no a mí. Aunque soy un ciudadano de mi país y conozco *acerca* de él, no puedo hablar con él como si fuera mi amigo. Eso sería inapropiado, y hasta irrespetuoso. Inclusive puedo estar bajo su autoridad como Presidente, y bajo su protección como Comandante en Jefe, pero su autoridad sobre mí no me garantiza automáticamente una intimidad con él.

Otro ejemplo podría ocurrir con aquellos que son tan sensiblemente tocados por los atletas y artistas. Sus nombres son comunes en muchísimos hogares. Los medios de información han hablado de sus vidas personales a través de numerosas entrevistas en televisión y artículos en periódicos y revistas. He escuchado a algunos fanáticos hablar de estas celebridades como si fueran sus amigos cercanos. Y hasta he visto gente atrapada emocionalmente en los problemas matrimoniales de sus celebridades favoritas; los he visto afligidos como si fueran parte de la familia cuando estos héroes de la pantalla mueren.

Si estos *fans* se encontraran con sus celebridades en la calle, ellos no recibirían ni una pizca de reconocimiento. Si fueran lo suficientemente enfáticos como para detener a esas celebridades, encontrarían que la persona real es muy diferente de la imagen que retrata. La relación entre las celebridades y sus fanáticos es una relación de una sola vía.

Me he lamentado sobre este mismo comportamiento en la Iglesia. He escuchado a los creyentes hablar de Dios como si fuera un simple compañero, alguien con quien pasar el rato. Ellos hablan de manera casual cómo Dios les ha mostrado esto o aquello. Hablan de cuánto desean su presencia y del hambre que tienen por su unción. Con frecuencia, los que son jóvenes en su relación con Dios —o aún no estables en ella— pueden sentirse incómodos o espiritualmente deficientes alrededor de aquellos «amigos cercanos» de Dios.

A los pocos minutos usted escuchará a estos individuos contradecirse a sí mismos. Dirán algo que revela claramente que su relación con Dios no es diferente a la que existe entre un fanático y su celebridad favorita. Ellos mismos mostrarán que esa relación, en verdad, no existe.

El Señor dice que ni siquiera podemos comenzar a conocerlo en términos íntimos hasta que no lo temamos. En otras palabras, una relación íntima y de amistad con Dios ni siquiera comenzará hasta que el temor a Él no esté firmemente arraigado en nuestros corazones.

Podemos asistir a los servicios, pasar adelante en cada llamada al altar, leer nuestras Biblias diariamente y concurrir a todas las reuniones de oración. Podemos predicar grandes y motivadores sermones, trabajar en el ministerio durante años, y hasta recibir el respeto y la admiración de nuestros pares. Pero si no tememos a Dios, solamente estamos subiendo rangos de la escalera religiosa. ¿Qué hay de diferente entre estos ritos religiosos y sufrir del síndrome de las celebridades?

Conozco gente que me puede contar más acerca de la vida personal de una celebridad de lo que pueden decirme sobre ellos mismos. Están llenos de hechos, noticias y detalles. Tal conocimiento de alguien no garantiza intimidad con él. Los seguidores de esas celebridades son como gente que mira la vida de otros a través de una ventana. Ven el *qué*, *dónde* y *cuándo*, pero no conocen el *por qué*.

Amigos de Dios

En las Escrituras Dios llamó a dos hombres como sus amigos. Esto no quiere decir que no hubiera otros, solo que Dios reconoció específicamente a esos dos, registrando intencionalmente su amistad. Creo que hizo eso para que nosotros podamos beneficiarnos y recibir un punto de vista sobre qué es lo que Él busca en un amigo.

El primero es Abraham. Fue llamado el «amigo de Dios» (2 Crónicas 20:7). Cuando Abraham tenía 75 años, Dios vino a él e hizo un pacto. Dentro de los parámetros de ese pacto, Dios le prometió el deseo de su corazón: un hijo. Antes del nacimiento de su hijo, Abraham cometió varios errores; algunos fueron bastante serios.

No obstante todo eso, Abraham creyó y obedeció a Dios, y estaba completamente persuadido de que Dios podía realizar todo lo que había prometido.

Cuando Abraham tenía 99 años, su esposa quedó embarazada, y el hijo prometido, Isaac, nació. ¿Puede imaginarse el gozo que Abraham y Sara habrán experimentado después de esperar por tantos años? ¿Puede imaginarse el amor que ellos debían tener por ese hijo prometido?

La prueba

El tiempo pasó y la relación entre padre e hijo llegó a ser muy cercana. La vida de ese niño significaba más para Abraham que la suya propia. Su gran riqueza no significaba nada al lado de ese hijo dado por Dios.

> «*Aconteció después de estas cosas, que probó Dios a Abraham, y le dijo: Abraham. Y el respondió: Heme aquí. Y dijo: Toma ahora tu hijo, tu único, Isaac, a quien amas, y vete a tierra de Moriah, y ofrécelo allí en holocausto sobre uno de los montes que yo te diré*».
>
> —Génesis 22:1-2

¿Puede imaginarse el shock de Abraham al escuchar estas palabras? Nunca debe haber ni soñado que Dios le pediría algo tan duro. Estaba aturdido. Padre e hijo eran muy cercanos. Después de todos los años de espera por este jovencito, Dios le pide por algo que era más que la vida misma de Abraham: lo que hay en su corazón. No tiene sentido.

Pero Abraham sabía que Dios no comete errores. No había negación en lo que Dios ya había hecho claro. Solo había dos opciones para un hombre de pactos: obedecer o romper el pacto. Romperlo ni siquiera era una consideración para ese hombre de fe. Él estaba totalmente inmerso en su temor santo. Nosotros sabemos que esta era una prueba, pero Abraham no. Nunca sabemos si Dios nos está probando hasta que estamos del otro lado de ella. Puede ser posible hacer trampa en una prueba de la universidad, pero nadie puede hacer trampa en los exámenes que Dios nos toma. Si no hemos estudiado y hecho nuestros trabajos, purificando nuestros corazones y limpiando nuestras manos, no seremos capaces de aprobar las pruebas de Dios, ¡no importa cuán inteligente seamos!

Si los descendientes de Abraham hubieran conocido el resultado de lo que Dios estaba haciendo en el desierto, a los pies del monte Sinaí, hubieran respondido de manera distinta. Abraham tenía algo diferente en su corazón; algo que sus descendientes habían perdido.

Una vez Dios me pidió que dejara algo que yo pensé que Él me había dado. Eso significaba para mí más que cualquier otra cosa. Lo había deseado por años. Era trabajar para un muy conocido evangelista. Uno al que yo amaba grandemente.

A mi esposa y a mí se nos había ofrecido una posición como asistentes de este hombre y su esposa. No solo que yo amaba a ese hombre, sino que también vi eso como una oportunidad de Dios para realizar el sueño que había tenido implantado muy dentro de mi ser: que podía llegar a predicar a las naciones del mundo.

Estaba completamente convencido de que Dios me diría *sí* a esta maravillosa oferta, pero Él puso muy claro que debía rechazarla. Lloré por días después de rechazar esta oferta. Sabía que había obedecido a Dios, pero aun así no entendía por qué me había pedido algo tan duro. Después de semanas de perplejidad, finalmente clamé: «Dios, *¿por qué hiciste que pusiera esto en el altar?*»

Él contestó rápidamente: «*Para ver si me estabas sirviendo a mí o al sueño*».

Sólo entonces entendí que había sido probado. En el medio de esto no me había dado cuenta de lo que Él estaba haciendo. La única cosa que me guardó de ir tras mis propios caminos fue mi amor por Dios y mi temor de Él.

El temor a Dios de Abraham fue confirmado

Amo la respuesta de Abraham a los mandamientos más difíciles de Dios. «Y Abraham se levantó muy de mañana ...« (Génesis 22:3). No habló esto con Sara. No hubo dudas. Él había decidido obedecer a Dios. Sólo había dos cosas que significaban más para Abraham que su prometido Isaac: su amor y su temor de Dios. Él amaba y temía a Dios sobre todo lo demás.

Dios le dijo a Abraham que hiciera un viaje de tres días. Esto le permitiría considerar lo que se le había pedido. De haber habido cualquier vacilación dentro suyo, este período de tiempo lo habría expuesto. Cuando él y Isaac llegaron al lugar designado para la adoración, Abraham construyó un altar, ató a su hijo, lo recostó en el altar y buscó por su cuchillo. Levantó el cuchillo sobre el cuello de Isaac.

En ese momento, Dios habló a través de un ángel, en medio de su acto de obediencia. «No extiendas tu mano sobre el muchacho, ni le hagas nada; porque ya conozco que temes a Dios, por cuanto no me rehusaste tu hijo, tu único» (Génesis 22:12).

Abraham probó su temor al estimar los deseos de Dios como más importantes que lo suyo propio. Dios sabía que si Abraham aprobaba esta prueba, él pasaría todas las demás.

> *«Entonces alzó Abraham sus ojos y miró, y he aquí a sus espaldas un carnero trabado en un zorzal por sus cuernos; y fue Abraham y tomó el carnero, y lo ofreció en holocausto en lugar de su hijo. Y llamó Abraham el nombre de aquel lugar, Jehová proveerá».*
> —Génesis 22:13, 14

Con la culminación de esta prueba Dios reveló una nueva faceta de Sí mismo a Abraham. Se reveló a Sí mismo como Jehová-Jireh. Esta revelación del carácter de Dios significa: «Jehová ve». Nadie desde Adán lo había conocido de esta forma. Dios reveló su corazón a este humilde hombre, quien había llegado a ser su amigo. El Señor estaba revelando a Abraham las cosas de su corazón y carácter que para los otros hombres aún eran «secretos».

Pero es importante entender que Dios no se reveló como «Jehová ve» hasta que Abraham hubiera pasado la prueba de temor santo. Muchos afirman conocer los distintos atributos y características de la naturaleza de Dios, pero nunca lo han obedecido en los momentos duros. Ellos pueden cantar: «Jehová-Jireh, mi proveedor, su gracia es suficiente para mí...», pero es solo una canción, mientras no sea revelado como tal a través de la obediencia.

Hasta que no aprobemos el examen de Dios sobre la obediencia, tales afirmaciones provienen de nuestras cabezas y no de nuestros corazones. Es al aventurarnos en los duros y áridos desiertos de la obediencia, cuando Dios se revela a Sí mismo como Jehová-Jireh y Amigo. (Ver Isaías 35:1, 2.)

> *«¿No fue justificado por las obras Abraham nuestro padre, cuando ofreció a su hijo Isaac sobre el altar? ¿No ves que la fe actuó juntamente con sus obras, y que la fe se perfeccionó por las obras? Y se cumplió la escritura que dice: Abraham creyó a Dios, y le fue contado por justicia, y fue llamado amigo de Dios».*
>
> —Santiago 2:21-23

Note que Abraham fue justificado por sus correspondientes obras. La prueba de su temor santo y de su fe fue su obediencia. *Temer* a Dios es *creerle*. *Creerle* es *obedecerle*. Santiago señala que la obediencia de Abraham fue alimentada por su temor santo a Dios, resultando en una amistad con Dios. Dios lo dice claramente:

> *«La comunión íntima de Jehová es con los que le temen, y a ellos hará conocer su pacto».*
>
> —Salmo 25:14

¡No podría ser más claro! Lea nuevamente este versículo del Salmo 25 y escóndalo dentro de su corazón. ¿Por qué hay una abundancia de predicación superficial en los púlpitos? ¿Por qué los cristianos carecen de la profundidad de nuestros padres? Es el resultado de una creciente enfermedad en la Iglesia. Es un virus llamado «¡ausencia del temor del Señor!»

Dios dice que Él revela sus secretos a aquellos que le temen. ¿Con quién comparte usted los secretos de su corazón? ¿Con conocidos, o con amigos íntimos? ¡Con amigos íntimos, por supuesto!

Los secretos no pueden estar seguros con simples conocidos. Bueno, Dios hace lo mismo; Él comparte su corazón sólo con aquellos que lo temen.

El hombre que conocía los caminos de Dios

Hay otro hombre al que Dios llamó su amigo: Moisés. Era un hombre que conocía los caminos de Dios. Éxodo 33:11 dice: «Y hablaba Jehová a Moisés cara a cara, como habla cualquiera a su compañero». El rostro de Moisés estaba sin velo, porque temía a Dios. Por lo tanto, le era permitido hablar con Dios en un nivel íntimo. El resultado fue:

> «*Sus caminos notificó a Moisés,*
> *y a los hijos de Israel sus obras*».
> —Salmo 103:7

Puesto que los israelitas no temían a Dios, les fue negada la intimidad con Él. Sus caminos y los secretos de su pacto no fueron revelados a los israelitas. En muchos sentidos, ellos lo conocieron de igual forma que yo conozco al presidente de mi país. Conozco al presidente por sus logros, provisiones y actos. Los israelitas no estaban enterados secretamente del por qué del pacto de Dios. Ellos no entendían los motivos del pacto de Dios, sus intenciones y los deseos de su corazón.

Israel sólo percibía el carácter de Dios cuando era mostrado en el mundo natural. Con frecuencia confundían sus métodos asumiendo que «Dios no les daba» cuando no tenían precisamente lo que deseaban. Es imposible conocer a Dios solamente por la observación de lo que Él hace en el mundo natural. Eso sería como conocer a una celebridad solo por lo que reportan los medios de comunicación. Dios es espíritu y sus caminos están escondidos de la sabiduría de este mundo natural (Juan 4:24; 1 Corintios 2:6–8).

Dios sólo se revelará a Sí mismo a aquellos que le temen. Los hijos de Israel no vieron la sabiduría o entendimiento detrás de todo lo que Él estaba haciendo. Por lo tanto estaban a destiempo con Él.

El temor de Dios es conocer sus caminos

Moisés sabía con frecuencia *por qué* Dios hizo las cosas que hizo. La Biblia describe esta comprensión como *entendimiento*. De hecho, Moisés sabía con frecuencia *lo que* Dios iba a hacer antes de hacerlo, porque Dios se lo revelaba por adelantado. La Biblia llama a esto *sabiduría*. El salmista nos dice:

> «*El principio de la sabiduría es el temor de Jehová;
> buen entendimiento tienen todos los que
> practican sus mandamientos*».
>
> —Salmo 110:10

Temer a Dios es obedecerle, aun cuando hace algo que no parece ser beneficioso para nosotros. Cuando lo tememos, Él nos llama *amigos*, y nos revela el *por qué*, o las intensiones y deseos de su corazón. Llegamos a conocerlo no por sus hechos sino por sus caminos. Lea cuidadosamente las palabras de Jesús a sus discípulos en la Última Cena, después de que Judas se fuera:

> «*Vosotros sois mis amigos, si hacéis lo que yo os mando.
> Ya no os llamaré siervos, porque el siervo no sabe lo que
> hace su señor; pero os he llamado amigos porque todas
> las cosas que oí de mi padre os las he dado a conocer*».
>
> —Juan 15:14, 15

He escuchado estas escrituras como una promesa de amistad con el Señor. No obstante, hay una condición muy definida en esta clase de amistad. La condición es:

«Si hacéis lo que yo os mando».

—Juan 15:14

En las palabras del salmista, este tipo de amistad con Dios está reservada a «aquellos que le temen», para aquellos que obedecen su Palabra incondicionalmente. El Señor dice: «Ya no os llamaré siervos». Sus discípulos habían demostrado su fidelidad como siervos por tres años y medio. Habían permanecido con Jesús cuando otros abandonaron (Juan 6:66). Hubo un tiempo cuando Jesús sólo los había tratado como sirvientes. Este había sido un período de prueba, lo mismo que con Abraham y Moisés. Había comenzado un nuevo examen; ahora sus palabras eran proféticas. Este examen concluiría con la tenaz obediencia de los discípulos en el Aposento Alto. El orden divino había sido establecido. El Aposento Alto revelaría el contenido de cada corazón humano.

Jesús dice: «el siervo no sabe lo que hace su señor; pero os he llamado amigos porque todas las cosas que oí de mi padre os [a mis amigos, quienes temen a Dios] las he dado a conocer». Los amigos de Dios tendrán esta comprensión porque Él comparte sus planes con sus amigos.

Dios comparte sus planes con sus amigos

Dios comparte los motivos e intenciones de su corazón con sus amigos. Él discute sus planes con ellos y hasta confía en ellos.

«Y Jehová dijo: ¿Encubriré yo a Abraham, lo que voy a hacer?»

—Génesis 18:17

El Señor dijo esto a los siervos angelicales que estaban con Él en la presencia de Abraham. Entonces, Dios se volvió a Abraham.

> *«Entonces Jehová le dijo: Por cuanto el clamor contra Sodoma y Gomorra se aumenta más y más, y el pecado de ellos se ha agravado en extremo, descenderé ahora, y veré si han consumado su obra según el clamor que ha venido hasta mí; y si no lo sabré».*
>
> —Génesis 18:20, 21

El Señor, entonces, le confió a Abraham que su juicio pendiente circundaba sobre las ciudades de Sodoma y Gomorra. Abraham intercedió y rogó por la vida de los justos:

> *«Y se acercó Abraham y dijo: ¿Destruirás también al justo con el impío? Quizá haya cincuenta justos dentro de la ciudad: ¿Destruirás también y no perdonarás al lugar por amor a los cincuenta justos que estén dentro de él?*
>
> *Lejos de ti el hacer tal, que hagas morir al justo con el impío, y que sea el justo tratado con el impío; nunca tal hagas. El Juez de toda la tierra, ¿no ha de hacer lo que es justo?*
>
> *«Entonces respondió Jehová: Si hallare en Sodoma cincuenta justos dentro de la ciudad, perdonaré a todo este lugar por amor a ellos».*
>
> —Génesis 18:23-26

Abraham había pedido que la vida de otro fuera salvada de la mano del juicio de Dios. Sólo un amigo habla de esa forma a un rey o juez que tiene el poder de ejecutar juicio. Viniendo de un sirviente o súbdito, tal petición podría haber sido irrespetuosa. Pero Abraham entró realmente en un proceso de negociación con Dios. Habló luego a Dios bajando el número de cincuenta a diez, y Dios fue en su camino a buscar a los diez justos en Sodoma y Gomorra. Fue obvio que el reporte sobre la maldad era verdadero, porque ni siquiera pudieron encontrarse diez justos en ninguna de las dos ciudades. El Señor sólo encontró a Lot, sobrino de Abraham, y su familia.

Dios le mostró a su amigo Abraham qué es lo que había planeado hacer. Confió en Abraham porque este le temió. Su temor lo había elevado al nivel de confidente de Dios.

Profanado por el mundo

Lot puede haber sido considerado justo, pero también era mundano. No tenía más entendimiento del juicio pendiente, que los otros residentes de esas malvadas ciudades. Aunque era justo, fue tomado por sorpresa de lo que iba a ocurrir. Lot representa a los cristianos carnales; aquellos que carecen del ardiente temor santo de Dios. Su relación con el Señor no era muy diferente a la de los seguidores de las celebridades mundanas.

Esto se ve por su elección a permanecer (entre los habitantes de Sodoma y Gomorra), el tipo de esposa que escogió, y las hijas, quienes llevarían al padre al incesto—las moabitas y amonitas. Lot había escogido lo que, al principio, parecía lo mejor, pero al fin se le comprobó que había elegido neciamente.

En contraste, Abraham eligió una vida separada. Buscó una ciudad cuyo constructor y hacedor era Dios. Lot eligió la comunión con lo no santo, antes que la separación. Sus caminos no santos fueron en detrimento de su justicia. Finalmente, esta exposición a lo no santo trajo fruto en la vida de Lot y en las de sus descendientes. Los estándares de Lot no estaban dictados por Dios sino por la sociedad que los rodeaba. Lot llegó a ser «abrumado por la nefanda conducta de los malvados (porque este justo, que moraba entre ellos, afligía cada día su alma justa, viendo y oyendo los hechos inicuos de ellos)» (2 Pedro 2:7, 8).

El día del juicio podría haber llegado sobre Lot como un ladrón en la noche, de no haber sido por la misericordia de Dios y su amistad con Abraham. Dios envió mensajeros angelicales, así como enviará mensajeros proféticos con advertencia a los creyentes carnales en las iglesias, quienes permanecen inconscientes del juicio pendiente.

En la urgencia y el furor del juicio pendiente, la esposa de Lot eligió mirar atrás. Había sido advertida de que no lo hiciera, mientras el Señor enviaba destrucción sobre las ciudades tan llenas de maldad. Pero la esposa de Lot había sido tan influenciada por el mundo que su impulso fue más grande que el temor del Señor. Esto es por lo que el Señor advierte en el Nuevo Testamento a los creyentes: «acordaos de la mujer de Lot» (Lucas 17:32)

Abraham le temía a Dios. Era amigo de Dios. Lot carecía todo, salvo de una pequeña medida de esto. Tuvo suficiente temor del Señor como para escapar del juicio inmediato, pero el juicio tomó a aquellos que lo siguieron.

Más tarde, Lot probó que no conocía el corazón de Dios ni sus caminos. Santiago exhorta fuertemente a los creyentes con:

> *«¡Oh almas adúlteras! ¿No sabéis que la amistad del mundo es enemistad contra Dios? Cualquiera, pues, que quiera ser amigo del mundo, se constituye enemigo de Dios».*
>
> —Santiago 4:4

Tú no puedes amar al mundo y ser amigo de Dios a la vez. Santiago describe la condición de un creyente quien todavía busca relación con el mundo como de adúltero, y enemigo de Dios. Salomón nos dice:

> *«El que ama la limpieza de corazón,*
> *   por la gracia de sus labios tendrá la amistad del rey».*
>
> —Proverbios 22:11

Solo los puros de corazón son amigos de Dios. Debemos preguntarnos a nosotros mismos: «*¿Qué purifica mi corazón? ¿Mi* *amor por Dios?*» El amor por Dios mantiene despierto nuestro deseo de pureza, pero eso solo no purifica el corazón. Podemos decir que amamos a Dios con gran afecto, y aún seguir amando al mundo. Esta es la trampa de millones en la Iglesia. ¿Qué es lo que nos fuerza a mantenernos puros ante el asombroso Rey? Pablo lo responde en términos claros y concisos:

> «*Así que, amados, puesto que tenemos tales promesas, limpiémonos de toda contaminación de carne y de espíritu, perfeccionando la santidad en el temor de Dios*».
> —2 Corintios 7:1

La santidad o pureza de corazón es perfeccionada o completada en el temor de Dios. «Y con el temor de Jehová los hombres se apartan del mal» (Proverbios 16:6).

Pero mire nuevamente al comienzo de aquel versículo: «Así que, amados, puesto que tenemos tales promesas...» ¿Qué promesas? Ellas se encuentran en los versículos anteriores. Leámoslos:

> «*...porque vosotros sois el templo del Dios viviente, como Dios dijo: Habitaré y andaré entre ellos, y seré su Dios, y ellos serán mi pueblo.*
> *Por lo cual, salid de en medio de ellos, y apartaos, dice el Señor, y no toquéis lo inmundo; y yo os recibiré, y seré para vosotros por Padre, y vosotros me seréis hijos e hijas, dice el Señor Todopoderoso*».
> —2 Corintios 6:16-18

Esto es exactamente como Dios describe su deseo de habitar en los hijos de Israel con su gloria en el desierto. Él dice: «Y conocerán que yo soy Jehová su Dios, que los saqué de la tierra de Egipto, para habitar en medio de ellos» (Éxodo 29:46). Y nuevamente: «Y andaré entre vosotros, y yo seré vuestro Dios, y vosotros seréis mi pueblo» (Levítico 26:12). Hay un paralelo: es el mismo Dios santo. Él no habitará en un templo profanado o no santo.

Entendamos el completo significado de esas verdades para hoy. Dios resalta las condiciones o requerimientos de nuestro pacto con Él, de que debemos habitar en la presencia de su gloria. Debemos salir del sistema del mundo y ser separados. Este es un trabajo cooperativo del temor de Dios y de su gracia. Es por eso que Pablo comienza este capítulo suplicando a la iglesia de los corintios: «No recibáis en vano la gracia de Dios» (2 Corintios 6:1).

En otra carta, Pablo más adelante clarifica este punto, exhortándonos fuertemente a perseguir la santidad, porque de no hacerlo no veremos al Señor.

> «Seguir ... la santidad, sin la cual nadie verá al Señor. Mirad bien, no sea que alguno deje de alcanzar la gracia de Dios...»
>
> —Hebreos 12:14, 15

¡Note nuevamente que Pablo habla acerca de recibir la gracia de Dios en vano! No podemos caer en eso. Él pasa a describir qué es lo que mantiene activa y productiva a la gracia en nuestras vidas: «Tengamos gratitud, y mediante ella sirvamos a Dios, agradándole con temor y reverencia» (v. 28). El temor de Dios nos previene de recibir su gracia en vano. Nos cuida del deseo de tener relación con el mundo. Es la gracia de Dios unida al temor de Dios lo que produce santidad o pureza de corazón. Dios promete que si nos limpiamos de la suciedad del mundo, Él podrá habitar en nosotros, en su gloria. ¡Aleluya!

14

La bendición del temor santo

«El fin de todo el discurso oído es este: Teme a Dios,
y guarda sus mandamientos; porque esto es el todo del
hombre».

—Eclesiastés 12:13

Hemos hablado extensamente acerca del temor del Señor. Sin embargo, sería imposible para nosotros abarcarlo todo. El temor de Dios es un tema que no puede ser revelado completamente, no importa cuántos libros escribamos. Es una revelación continua. Lo mismo es verdad con el amor de Dios. Proverbios 23:17 dice: «...persevera [con pasión] en el temor de Jehová todo el tiempo». Nunca llegaremos a ser demasiado apasionados con su fuego.

Así como es imposible detallar el temor de Dios en términos finitos, es igualmente difícil de definir. Abarca un amplio espectro, tal como lo hace la fuerza del amor de Dios. La definición que ofrezco será parcial y tan solo el principio, por eso es imposible describir en palabras la transformación interna del corazón. Creceremos en el conocimiento revelado de Dios a través de la eternidad. Proporcionalmente, la revelación de su amor y nuestro temor santo por Él se expandirán.

El temor al hombre y el temor de Dios se oponen. El temor humano atrapa (Proverbios 29:25).

Hemos debatido este «temor no santo» en una pequeña medida, cuando estaba relacionado al entendimiento del temor de Dios.

El temor del hombre es estar alarmado, ansioso, asustado, aterrado, en sospecha o agazapado ante un hombre mortal. Aquellos que están atrapados en esta clase de temor, vivirán escondiéndose en prejuicios y reproches, evitando constantemente el rechazo y la confrontación. Estarán tan ocupados en salvaguardarse que muy pronto serán inefectivos en su servicio a Dios. Temerosos de lo que el hombre puede hacer, le niegan a Dios lo que Él merece.

El temor a Dios incluye —aunque no está limitado a— respetarlo y reverenciarlo. Por eso se nos ha dicho que temblemos ante su presencia. El temor santo le da a Dios el lugar de gloria, honor, reverencia, agradecimiento, alabanza, y prominencia que Él merece. (Note que se trata de lo que Él merece, no de lo que nosotros pensamos que Él merece.)

Dios mantiene esa posición permanente en nuestros corazones, mientras estimamos sus deseos por sobre y encima de los nuestros, odiando lo que Él odia y amando lo que ama, temblando en su presencia y ante su Palabra.

Escuche esto y medite sobre eso:

«Usted servirá a quien teme».

Si usted teme a Dios, le servirá a Él. Si teme al hombre, servirá al hombre. Debe elegir.

Ahora puede entender por qué Salomón, después de una vida entera, con éxitos y pruebas, pudo decir:

*«El fin de todo el discurso oído es este: Teme a Dios,
y guarda sus mandamientos; porque esto es el todo del
hombre».*

—Eclesiastés 12:13

Salomón buscó la sabiduría a lo largo de toda su vida. Él la obtuvo, y ella lo introdujo a un gran éxito. Sin embargo, él pasó a través de períodos de tormento y aflicciones en sus últimos años. El temor de Dios en su corazón había disminuido. Ya no obedecía los mandamientos de Dios. Se casó con mujeres extranjeras y sirvió a los dioses de ellas.

Cuando su vida se acercaba a su fin, miró para atrás y después de mucha meditación escribió el libro de Eclesiastés. En este libro Salomón examina la vida aparte del temor de Dios. Su respuesta a cada indagatoria era: «¡vanidad!»

Al final del libro, concluye que todo el asunto de la vida se resume ¡en el temor de Dios y en guardar sus mandamientos!

Las bendiciones de temer a Dios

Lo animo a leer su Biblia y, mediante el uso de una concordancia, buscar cada pasaje relacionado al temor de Dios. Regístrelos para futuras referencias.

En mi búsqueda compilé más de cincuenta páginas escritas a máquina. Encontré algunas promesas muy específicas para aquellos que temen al Señor. Permítame compartirle sólo unas pocas.

El temor de Dios...

* ... prepara nuestros corazones para recibir respuesta.
  «Y Cristo, en lo días de su carne, ofreciendo ruegos y súplicas con gran clamor y lágrimas al que lo podía librar de la muerte, fue oído a causa de su temor reverente».
  —Hebreos 5:7

- … asegura que la gran bondad de Dios abunda.

«¡Cuán grande es tu bondad,
  que has guardado para los que te temen,
que has mostrado a los que esperan en ti,
  delante de los hijos de los hombres!»

—Salmo 31:19

- … promete protección angelical.

«El ángel de Jehová acampa alrededor de los que le temen,
  y los defiende».

—Salmo 34:7

- … asegura la continua atención de Dios.

«He aquí el ojo de Jehová sobre los que le temen,
  sobre los que esperan en su misericordia».

—Salmo 33:18

- … suple su provisión.

«Temed a Jehová, vosotros sus santos,
  pues nada falta a los que le temen».

—Salmo 34:9

- … contiene gran misericordia.

«Porque como la altura de los cielos sobre la tierra,
  engrandeció su misericordia sobre los que le temen».

—Salmo 103:11

- … nos asegura la provisión de alimento.

«Ha dado alimento a los que le temen;
  para siempre se acordará de su pacto».

—Salmo 111:5

- ... nos guardará en el camino.

  «*Y haré con ellos pacto eterno, que no me volveré atrás de hacerles bien, y pondré mi temor en el corazón de ellos, para que no se aparten de mí*».

  —Jeremías 32:40

- ... promete protección.

  «*Los que teméis a Jehová, confiad en Jehová;*
  Él es vuestra ayuda y vuestro escudo».

  —Salmo 115:11

- ... cumple nuestros deseos y nos libera del mal.

  «*Cumplirá el deseo de los que le temen;*
  oirá asimismo el clamor de ellos, y los salvará».

  —Salmo 145:19

- ... provee sabiduría, entendimiento y tiempo extra.

  «*El temor de Jehová es el principio de la sabiduría,*
  y el conocimiento del Santísimo es la inteligencia.
  Porque por mí se aumentarán tus días,
  y años de vida se te agregarán».

  —Proverbios 9:10, 11

- ... es nuestra confianza y protección ante el rostro de la muerte.

  «*En el temor de Jehová está la fuerte confianza;*
  y esperanza tendrán sus hijos.
  El temor de Jehová es manantial de vida,
  para apartarse de los lazos de la muerte».

  —Proverbios 14:26, 27

- … provee paz mental.
  «*Mejor es lo poco con el temor de Jehová,*
  que el gran tesoro donde hay turbación».

  —Proverbios 15:16

- … resulta en satisfacción completa.
  «*El temor de Jehová es para vida,*
  y con él vivirá lleno de reposo el hombre;
  no será visitado de mal».

  —Proverbios 19:23

- … lleva a las riquezas, honra y vida.
  «*Riquezas, honra y vida son la remuneración de la hu-*
  mildad y del temor de Jehová».

  —Proverbios 22:4

- … produce una familia próspera.
  «*Y por haber las parteras temido a Dios, él prosperó sus*
  familias».

  —Éxodo 1:21

- … provee claridad y dirección.
  «*¿Quién es el hombre que teme a Jehová?*
  Él le enseñará el camino que ha de escoger».

  —Salmo 25:12

- … resulta en el gozo en nuestro trabajo, y vidas comple-
  tas y prósperas.
  «*Bienaventurado todo aquel que teme a Jehová,*
     que anda en sus caminos.
  Cuando comieres el trabajo de tus manos,
     bienaventurado serás, y te irá bien.

Tu mujer será como vid que lleva fruto
a los lados de tu casa;
tus hijos como plantas de olivo alrededor de tu mesa.
He aquí que así será bendecido
el hombre que teme a Jehová».

—Salmo 128:1–4

• ... produce un liderazgo exitoso.

«Además escoge tú de entre todo el pueblo varones de
virtud, temerosos de Dios, varones de verdad, que abo-
rrezcan la avaricia; y ponlos sobre el pueblo por jefes de
millares, de centenas, de cincuenta y de diez».

—Éxodo 18:21

«El Dios de Israel ha dicho, me habló la Roca de Israel:
Habrá un justo que gobierne entre los hombres, que gobier-
ne en el temor de Dios».

—2 Samuel 23:3

Estas son solo algunas pocas promesas para aquellos que lo temen. Hay muchas más. Lo animo a encontrarlas en su tiempo de lectura y estudio de la Palabra de Dios.

Epílogo

El temor de Dios arderá brillante en nuestros corazones, no importa cuánto tiempo hace que usted haya sido salvo. De hecho, este es un elemento clave para recibir salvación.

Pablo proclama: «Los que entre vosotros teméis a Dios, a vosotros es enviada la palabra de esta salvación» (Hechos 13:26).

Sin este santo temor, no reconoceremos nuestra necesidad de salvación. No importa dónde esté espiritualmente, lo animo a orar conmigo. Si no se ha sometido anteriormente al señorío de Jesús, ahora es el momento de volver su vida hacia Él.

Usted ha escuchado la Palabra, y la fe ha nacido en su corazón. Si el Espíritu Santo ha traído una profunda convicción y está listo para volverse del mundo y del pecado, y entregarse enteramente a Él, ahora es el momento. Es tiempo de tomar la decisión de someter totalmente su vida al señorío de Cristo. Es el momento de confirmarlo a través de la oración.

«Padre que estás en los cielos, en el nombre de Jesús, me humillo y vengo ante ti buscando tu misericordia y tu gracia. He escuchado tu Palabra, y el deseo de amarte, temerte y conocerte arde ahora en mi corazón.

«*Te pido perdón por la vida que he vivido irreverentemente, antes de venir a ti. Me arrepiento de toda falta de respeto y de la hipocresía que he tolerado en mi vida.*

«*Me vuelvo a ti, Jesús, como mi Salvador y Señor. Eres mi Amo, y te doy mi vida completamente. Lléname con tu amor y temor santo. Deseo conocerte íntimamente, en una dimensión más profunda que cualquiera otra con que haya conocido a cosa o persona alguna. Reconozco mi necesidad y dependencia de y en tu Espíritu Santo, y te ruego que me llenes ahora.*

«*Señor, tu Palabra promete que si me vuelvo a ti con todo mi corazón, el Espíritu Santo me revelará tu verdadera imagen y tu carácter, y seré cambiado de gloria en gloria. Como Moisés, pido ver tu rostro. Es en ese lugar secreto donde seré cambiado.*

«*Señor Jesús, gracias por la abundante misericordia y la gracia que me has extendido. Por todo lo que ya has hecho y harás, te doy la gloria, el honor y la alabanza, ahora y para siempre. Amén*».

«*Y a aquel que es poderoso para guardaros sin caída, y presentaros sin mancha delante de su gloria con gran alegría, al único y sabio Dios, nuestro Salvador, sea gloria y majestad, imperio y potencia, ahora y por todos los siglos. Amén*».

—Judas 24, 25

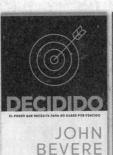

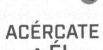

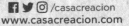

CASA
CREACIÓN

Te invitamos a que visites nuestra página web, donde podrás apreciar la pasión por la publicación de libros y Biblias:

www.casacreacion.com

f @CASACREACION

@CASACREACION

@CASACREACION

Para vivir la Palabra